轻管理

和90后员工做朋友

李亚伟　著

電子工業出版社
Publishing House of Electronics Industry
北京 · BEIJING

目录

◇◇◇ 第一章 ◇◇◇

走近 90 后：新一代职场生力军来了

- 90 后员工群像面面观
- 90 后员工的职业追求和工作状态
- 90 后管理难：员工不听话，老板没办法当前，大批 90 后已步入职场，并逐渐成为职场的主力军。90 后员工思维开放、勇于创新，他们的加入无疑会为企业注入新鲜的血液，使企业更具活力。

同时，90 后员工有创意、有活力，也更关注自身的感受，更推崇个性的展示。他们注重工作的体验感，注重自身的发展，渴望在工作中实现自我价值。他们在面试时会毫无顾虑地问工资多少、有无五险一金、是否有双休等问题，因为他们从骨子里就觉得自己跟企业之间是价值交换的关系，自己是靠本事“吃饭”的。

90 后员工对自我和个性的追求都使得其更加难以被管理。想管理好 90 后员工，管理者首先要对其有充分的了解。

1.1 90后员工群像面面观

独具个性的90后员工到底有何特点？本节重点介绍几个他们的普遍特点，以帮助管理者了解90后员工。

1.1.1 “数字原生代”的多元化世界观

“数字原生代”是美国作家马克·普兰斯基提出的概念，描述的是伴随着网络成长的一代人。“数字原生代”中最具有代表性的便是90后人群。

“数字原生代”习惯于“一心多用”，这与他们常年在虚拟空间与现实社会间切换有关，对他们而言，在各种电子设备的围绕下同时做几件事是再自然不过的状态，比如，他们会认为一边听音乐一边发信息聊天一边工作是十分正常的。“数字原生代”讲究速度，偏爱在屏幕上获取信息，遇到问题时会通过在浏览器上搜索词条等方式灵活寻求答案。

各种社交网络的流行给了“数字原生代”展现自我的平台，他们关注自身的差异性，并且毫不畏惧地将其表现出来。他们在自己的小圈子里活跃，在虚拟空间中勇敢表达自己对社会的理解与看法，尊重世界的多元性与人们表达观点的权利。

因此，拥有着多元化世界观的 90 后，其人生观并非一成不变。很多时候在外人看来，他们的人生观甚至有些自相矛盾：他们认为做事时要认真努力，但也可以选择“不上进”的生活；他们不会给自己树立远大的目标，但他们也并非得过且过，而是有着清楚的规划；他们希望自己能够更独立，但也会依赖与家庭之间的良好关系。

90 后所处的社会环境是相对开放的，物质世界与精神世界都很富足，因此他们对社会、职业、生活的理解更为包容，更加敢于追求自己的梦想。

1.1.2 求职不难，试错有底气

在很多管理者的眼中，90 后员工有点不太“靠谱”，不会认真考虑未来。其实，他们虽然任性了一点，但在职业规划上还是有自己的想法的。

90 后员工对工作的认识也没有那么刻板，他们在踏入社会初期并不能立刻找到适合自己的岗位，在空想无法得出答案的情况下，他们会主动试错。这样做虽然看起来浪费了时间和精力，但实际上也是最稳妥且成本较低的方法。

90 后员工年轻、有冲劲、可塑性强，因此他们求职并不困难，

试错也有底气。当他们根据自己的专业、兴趣、特长等因素主动尝试各种工作，并在这一过程中排除掉一些错误选项后，便能更坚定地在正确道路上越走越远。与已经处在稳定生活状态中的中年人相比，初出茅庐的他们有着更多的改变的勇气，也有着更足的拥抱变化的底气。

从经济层面来说，90 后成长在经济富足的环境下，这给了他们充足的安全感。因此，他们对物质有着清晰、冷静的认知，工资在他们看来是他们付出努力后应得的回报。因此，当工资并不足以抵上他们付出的劳动时，辞职就会理所当然地被他们迅速提上日程。

从思想层面来说，90 后更关注自身的“小世界”。他们在成长过程中接受了各种各样的信息，对每一种行为都能找到合理的逻辑。成功不是他们人生的必选项，活出独特的自己才是他们的终极目标。

从社会层面来看，时代在不断进步，随着互联网技术的飞速发展，大量的新兴行业、职业不断涌现，并越来越偏向自由度大、发展空间好的方向，这些都是年轻的 90 后偏爱的。

因此，不论从经济层面、思想层面，还是从社会层面，年轻的 90 后都有足够的、充分的理由以及充足的底气来试错。他们拒绝平庸，一心想在理想与生活中找到一个平衡点，有时候看起来有些“不成熟”，但也正是这份热血使他们拥有无限活力与冲劲。

1.1.3 “小确幸”更胜“大事业”

90 后的生活条件普遍比较优越，因此，他们中的很多人并不热衷于白手起家、打拼事业，反而会迷恋日常生活中微小的幸福。对他们来说，享受生活中的“小确幸”远胜于追求“大事业”。

“小确幸”是一种很具有代表性的“文化”，即使在旁人看来这些小幸福是美好而无用的，但 90 后依然自得其乐。这是因为 90 后在自身的成长过程中学会了辩证地看待事物，更能坚守内心的想法，不受外人干扰。

90 后的择业观非常清晰，他们既享受美好，也追求务实；他们或许会选择创业，但那绝大多数是出自兴趣的；他们有追求，但也懂得满足。

随着社会发展，职业分化越来越细，90 后可选择的职业越来越多，他们的自主性也变得越来越强。相较于父辈们期望的“铁饭碗”，他们更希望做自己喜欢的工作，这一点体现出他们对职业强大的自信。

他们很清楚自己想要的生活是怎样的，想要做的事是什么，想要的幸福感从哪里来。在他们看来，这一切，并不需要完成“大事业”才能获得。这种清醒的认知让 90 后不断探索自身的定位，不断体验各种形式的生活，不断尝试不同类型的工作。

很多 90 后会选择“先就业，后择业”，在满足生活需要的基础上规划下一步的发展。在这个过程中，他们会认真衡量自己，根据自身的兴趣爱好、价值取向、生活成本等做出理性的判断。

例如，一个生活在上海的 90 后男生，他的爱好是健身，在衡量过当前经济状况以及生活成本后，他知道如果以此为职业，他的工资将无法满足其日常基本开销，于是他选择了一份能够支撑日常生活的工作，同时将健身当作兴趣。这样的选择在 90 后中并不少见。

1.2　90 后员工的职业追求和工作状态

从表面上看，90 后员工追求个性和自我，但是他们也愿意为工作而努力、为梦想而拼搏。90 后是一群“矛盾体”，在他们身上，任性与理性共存，狂妄与自知同在。对 90 后的职业追求以及工作状态有更深的理解，管理者才能够找到管理 90 后员工的方法。

1.2.1　体验感是 90 后员工评价工作的重要标准

90 后在工作时更注重自我体验与成长空间，当工作无法给予他们想要的体验感或收获时，他们就会选择离职。领英的一份统计数据显示，90 后第一份工作的平均在职时间是 19 个月，远远低于 80 后的 43 个月。

短暂的在职时间曾将 90 后员工推到风口浪尖上，人们对这群“闪辞”主力军的未来表示担忧，同时也对他们的不稳定性颇有微词。但 90 后并不是任性妄为的，只是他们对工作有着与众不同的评价标准而已。

很多 90 后在找工作时会询问“公司有没有双休”“公司有没有员工活动场所”“公司氛围好吗”“管理者好相处吗”等问题。这些问题体现了 90 后在择业时对体验感的重视。

90 后更看重企业文化以及工作氛围，希望工作不只是机械地重复，而是每天都能有新的收获与体验。当公司能为 90 后员工着想，让他们产生对工作的热情、实现自我的价值时，他们也会愿意留下来一起拼搏。

相对于其他人群，90 后对生活质量也十分重视。他们认为工作是为了更好地生活，因此，一旦觉得工作打破了现有生活的平衡，他们便会选择辞职。

“北上广”等一线城市曾是无数毕业生的追梦圣地，现如今却不再是 90 后的首要选择。数据显示，90 后在挑选工作城市时早已放下了对一线城市的执念，他们更偏向于杭州、南京、天津等“新一线”城市。对比“北上广”巨大的生存压力、拥挤的人流车流，“新一线”城市的生活更能带给他们美好的体验。

90 后没有太多的家庭负担，正处在敢闯敢拼的年纪，面对社会上各种各样的工作，他们认为自己有能力去选择自己想要的工作，过自己喜欢的生活。对他们来说，物质上的保障的确具有一定的吸引力，但绝对不是影响他们选择最重要的因素。只有工作的体验感得到了满足，他们觉得自己的付出有价值，他们才会为工作而努力。

1.2.2 比起薪酬，90 后员工更注重发展机会

“90 后求职不问薪酬”的话题曾在社交网络上引发激烈讨论，在各种言论背后，90 后员工与众不同的择业观更需要管理者们重视：比起薪酬，90 后员工更注重发展机会。

90 后作为新一代的职场主力军，与过去求职者最大的不同便是对薪酬的看法。90 后求职不问薪酬不是因为他们一点都不在乎，而是因为薪酬不是他们唯一在乎的。

90 后不重视薪酬不仅是因为家庭为他们提供了优越的经济条件，还与他们自身对“挣钱”这件事的看法有关。90 后伴随着互联网一起成长，很容易接收各种各样的信息。他们对某件事情感兴趣，便会从互联网上看教程自学成才。很多 90 后是或者立志于做“斜杠青年”（指不满足“专一职业”的生活方式，选择拥有多重职业或身份的人）。

因此，不少 90 后在没毕业前就已经通过做直播、做剪辑、做自媒体等各种渠道获得了自己的“第一桶金”。拥有了一定的财务自主

权的 90 后在找工作时会更加从容。对他们来说，挣钱的方式有很多，工作并不仅仅是为了挣钱。

90 后找工作不是为了谋生，而是想要在工作中获得发展机会，实现自我成长。因此，他们会很慎重地选择工作，在衡量各种因素后入职；一旦他们发现工作只是无聊的重复，自己无法从中获取价值和获得成长，他们会很果决地辞掉工作。

1.2.3 实现个人价值是 90 后员工工作的最高追求

一项针对 90 后应届生的调查数据显示，在“求职时最看重的因素”一问中，答案占比最高的三个分别是“实现个人价值”“兴趣”以及“薪酬”，其中选择“实现个人价值”的人数几乎是选择“薪酬”人数的两倍。

一位参与调查的 90 后毕业生表示，“实现自我价值当然是最重要的，如果工作中老板能够肯定我的努力，认可我的付出，那吃再多苦也是值得的。如果这份工作恰恰又是自己感兴趣的工作，那么做起来肯定会更开心一点。相反，如果工作既无法实现自我价值，自己又不感兴趣，那么即便是拿高薪，也没什么意思。”

这番话说出了大多数 90 后员工的心声。很多人认为 90 后闪辞是因为他们吃不了苦，这其实是对他们的一种误解。他们能吃苦，但不会吃无谓的苦，在工作机会遍地的现在，他们更想从事自己感兴趣的、能够实现自我价值的职业。

也一些人认为，90 后的闪辞成为普遍现象，是由于他们成长得太快，自我意识觉醒得也较快，需要更大的发展空间。诚然，90 后在与互联网共同成长的过程中早已学会快捷处理信息，因此，他们对新鲜事物的接受能力较前人更强，学习速度也更快。过去新员工想要完全掌握一项核心技能可能需要几年的时间，需要去查找各种资料，与前辈学习经验等；如今，90 后可能只需要几个月甚至更短的时间就能掌握了。他们身处网络信息时代，能够最大限度地利用身边及网络上的资源来帮助自己收集信息，在最短的时间内摸清行业的运作规律。

很多 90 后辞职的原因是工作重复性太强或工作超负荷，这并不是 90 后吃不了苦的问题，在更大程度上折射出的是目前国内职场的一些普遍问题。机械性和疲劳性的工作不能为员工带来价值，自然会被员工抛弃。

另一方面，90 后员工想要实现自身价值，就绝不会只满足于做一颗底层的“螺丝钉”，而会想要努力成长为公司的核心成员。但是，这首先需要公司认可他们的这份冲劲，给予他们机会，他们才能成长。

因此，90 后员工对公司是否尊重员工、是否对员工一视同仁非常重视。公司如果能够适当赋权，给予他们发挥工作潜能的机会，他们自然会觉得自己大有可为。而他们有了展现能力的机会，便更能全身心投入到工作中，实现自我价值，也能进一步实现公司的目标。

互联网社群的崛起使得大部分公司的上下级关系逐渐被伙伴关系取代，层级组织被扁平结构取代。90 后员工更容易融入这样的公司中，并在公司的赋权下与同事一起实现自我价值。

对于 90 后员工来说，工作的趣味性与挑战性远比稳定性更重要，具备前两个因素的工作能够激励他们不断前进，在成长中体会快乐，最终实现个人价值。

1.3 90 后管理难：员工不听话，老板没办法

提起 90 后员工，很多管理者都表示对他们又爱又恨。工作中，他们可能是个性鲜明、有创意、有才华的得力干将，也可能是“蔑视权威”的“刺头”，不服从管理，还有着千奇百怪的“裸辞”理由。

1.3.1 说辞就辞：猫死了，要请丧假

网上流传着这样一个奇特的辞职例子。有一天，一位 90 后员工向管理者提出，因养的猫去世了，自己心情太过悲痛，需要请一段时间 “丧假”。针对这样“奇特”的请假理由，公司管理者自然没

有批准。没想到的是，这位员工当场就选择了辞职，只留下“一脑门问号”的管理者。

这个案例引起了众多管理者的共情，他们纷纷吐槽自己经手的 90 后辞职原因，如“公司附近的外卖吃腻了”“公司新搬的办公楼味道太大了，怀疑甲醛超标”等。

网友们将这些随心所欲的 90 后员工，戏称为“隐形退休人口”。“隐形退休人口”是网友新造的词，指那些看似在职场中拼命奋斗，其实内心追求的不过是自己舒服的人。这个词也反映出了 90 后选择工作时的“散漫”心态。90 后在选择工作时往往自得其乐，他们重视自我感觉，若公司与他们自身的“气质”契合，他们也可以努力工作；但若公司让他们感到不舒服，他们也会“不顾后果”地随时抽身离开。

90 后员工并非不愿意吃苦，也不是不能吃苦，他们只是没有办法接受管理者“年轻人就要多吃苦”的想法，对管理者将他们的所有努力都归于年轻人应受的磨炼，不给应有的酬劳而感到失望。

因此，这些与众不同的辞职理由背后一定有着 90 后员工对公司失望这一真实原因。上面因猫去世而请丧假的那个例子中，管理者事后从其他员工那里了解到，那位因没有请到丧假而选择辞职的员工，其实是因为对公司晋升机制感到不满而离职的。

管理者不应对 90 后员工带有偏见，而应正确地看待他们。每一个说辞就辞的背后都是 90 后员工在一次次失望后逐渐坚定的心。管理者不能简单地将员工与众不同的辞职理由当作笑谈，而应耐心了解他们辞职背后的真实原因，分析这些原因背后隐藏着公司存在的哪些问题，并做出妥善处理。只有这样，管理者才能够进一步解决公司存在的问题，推动公司健康发展。

1.3.2 拒绝加班：我不挣这个钱

从小物质生活富足的 90 后对金钱没有太多的执念，对他们来说，工资是自己付出劳动的合理回报，只要能够在满足自己日常生活开销之后还有一些富余即可；另一方面，他们对自己付出的劳动有着独特的计量方式，而加班等于公司强制要求他们多付出劳动。对 90 后员工而言，他们既不需要这笔因侵占了自己生活时间而得的加班费，也不想要这种自己无法掌控自己劳动付出的工作。

在 90 后员工的认知中，很多时候加班并没有什么意义。一些员工之所以愿意在下班后仍停留在工位上，只是因为害怕落后于加班的同事或者不想做公司中的“异类”，但这样加班的效率是很低的。

很多管理者与 90 后员工的分歧在于，管理者认为加班是常态，是敬业的表现；而 90 后员工则认为工作日与休息日应该分开。很多公司热衷于打着“梦想”的旗号来“压榨”员工，希望他们为了公司的未来“燃烧”自己，不分昼夜地努力奋斗，这很容易引起 90 后员工的反感。

很多 90 后员工会提出疑问：员工在上班期间处理私事，会被认为是不敬业的表现，要接受公司的惩罚，而在休息日被要求处理公司的工作为什么就理所应当了？

一项针对 90 后员工的调查或许能帮助管理者认清 90 后员工拒绝加班的真实原因。该调查报告指出，在参与调查的几千名进入职场的 90 后员工中，只有十分之一的员工始终坚持将休息日的时间留给个人生活而拒绝加班，其他人都是愿意加班的。也就是说，大部分 90 后员工都可以接受加班，只是不能接受无意义的加班。

另外，很多 90 后员工表示，即使不加班，他们回到家之后也并非就无所事事了。他们会在家里继续学习来提升自己，与被强制留在公司、效率不高的加班相比，这种发自内心的、纯粹以自己意愿为驱动力的学习更能让他们全身心地投入。

1.3.3 工作“玻璃心”：忍？不存在

“玻璃心”是 90 后员工的热门标签之一。在管理者看来，90 后的心异常脆弱，不能吃苦，不能被批评，动不动就裸辞，实在是管理的“刺头”。批评两句、多分配点任务、没有批准他们的请假，甚至跟他们畅谈理想与抱负，都有可能引起他们的不满而导致他们离职。他们辞职的理由虽然各种各样，但在管理者的眼中，归根到底只是因为他们不够“踏实”。

但是，任何时候人都是多元化的，不能简单以一个标签来概括。管理者如果能从 90 后员工的视角出发，深层次理解他们“玻璃心”的原因，或许能更好地完善公司的管理制度。

人接受的教育越完善，就越具有思辨能力，也越明白自己想要什么和不想要什么。很多时候，90 后员工“玻璃心”是因为所处的公司不值得他们坚强和坚韧。他们认为，如果工作无法给自己成就感，那么裸辞就是及时止损，是为了不浪费自己的时间，以便实现更快的升值。

正是心中有着这样隐秘而笃定的信念，90 后才能轻松做出别人眼中“任性冲动、不考虑后果”的行动。裸辞不都是坏的，暂时放松是为了养精蓄锐，将来更好地工作。更重要的是，90 后可以为自己的行为负责。

“工作 996，生病 ICU”是许多 90 后的口头禅，这句话是指在早上 9 点钟上班，晚上 9 点钟下班，一周工作 6 天这样一条不成文的制度下，员工很容易因为身体支撑不住而引发各种病症，最终住进 ICU 中。这虽然是句调侃的话，但也一定程度上反映了职场的“压榨”。

90 后在乎的始终是生活，是自我。在他们看来，为不适合自己的工作拼搏而付出健康的代价是不值得的，即便能够获得报酬，也无法让自己开心。因此，在遇到不认同的公司文化或不能带给他们成就感的工作时，他们会毫不犹豫地选择辞职。

1.3.4 90 后员工的管理禁忌

面对个性极强的 90 后员工，管理者需要知己知彼才能更好地进行管理工作。下面列举管理 90 后员工的 6 个禁忌，为管理者提供参考，如图 1-1 所示。

图 1-1 90 后员工的管理禁忌

1. 不公平对待

90 后员工对公平有着很强的诉求，同时敢于提出自己的质疑，在面对他们觉得不公平的事情时会直接问“凭什么”。对于员工的这种疑问，管理者必须给其合理的交代。

由于公司的预算与资源有限，管理者不可避免地会将资源向核心人才偏移，但这种偏移会使某些员工无法获得同等的待遇，从而心生不满。为了避免这种情况发生，管理者应尽量做到两点：一是在分配资源时尽量透明化，以体现结果导向的管理原则；二是与员工充分沟通，避免双方因某些情况产生误解。

2. 忽视员工感受

90 后员工更关注自我，因此管理者在管理过程中，激发他们的热血与拼劲的同时，也要注意到他们的付出与辛苦。

员工都期待得到领导的认可，尤其是自我认同感极高的 90 后员工。他们更注意自身情绪的变化，更在意公司健康的文化理念与良好的工作氛围。这些因素在管理者看来或许不能直接带来效益，却能实实在在提升团队的凝聚力和工作效率。

3. 安排工作不合理

90 后在成长过程中接触到了多元的文化，且普遍接受过良好的教育，他们在智力和素质方面的优势是无法否认的。因此，管理者需要依靠自身的能力来得到 90 后员工的尊重，而不是随意下达命令，逼迫他们服从。

如果管理者自身缺乏计划思维，不能根据 90 后员工的能力合理安排任务，或是布置任务时叙述不清楚，甚至朝令夕改，那么 90 后员工就很难认同这位管理者。

4. 不认可员工工作

任何人都希望自己的劳动成果得到别人肯定，90 后员工也不例外。但很多管理者认为员工将工作做好是理所应当的，做不好就应该虚心接受批评。这种观念在某种程度上削弱了 90 后员工的成就感，降低了他们对工作的积极性。

想避免这种问题，管理者就要分清楚对人与对事的不同态度，对事自然需要严格要求，但对人要多鼓励、多肯定，多用欣赏的眼光看待 90 后员工。在 90 后员工完成工作的过程中，管理者要积极发现他们克服的各种困难、付出的努力与取到的成果，并及时表现出自己的支持与认可。

5. 情绪化批评员工

很多管理者觉得 90 后员工太过脆弱，批评两句就愤然辞职了。但其实很多时候，90 后员工并非不愿意接受批评，而是不能接受被批评的方式。他们可以接受管理者指出自己工作中的问题，却不能接受管理者带有情绪化的无端指责。

如果 90 后员工工作能力有问题，管理者应该条理清晰地帮助他们分析问题，用辅导代替训斥，这样会取得更好的效果；如果是他们的工作态度出了问题，那么管理者也不要因为恨铁不成钢，就带情绪地批评他们，这种行为只会适得其反。

6. 过分关注不必要的细节

工作中的细节有重要和不重要之分，重要的细节是必须做好的，而对于不重要的细节，管理者就不必过分关注。管理者在工作中要求所有的细节都尽善尽美，很容易使员工崩溃。

管理者在交代任务时应做到高标准要求，不仅严格要求员工，也应严格要求自己。管理者在向员工传达任务时务必做到简洁清楚，并准确解释自己每个指令背后的意义，有理有据，让员工心服口服地执行。

◇◇◇ 第二章 ◇◇◇

愿景：为了同一个目标，聚集同一类人

- 建立团队目标，引导 90 后员工融入团队
- 帮助 90 后员工建立职业生涯规划

团队的凝聚力能够让团队爆发出更大的能量。为了让 90 后员工更快地融入团队，发挥出自己更大的价值，管理者需要建立企业、团队、员工个人的共同愿景。共同愿景能以共同的目标引导员工，使员工向着同一个方向努力，对员工的工作起着积极的推动作用。

在建立共同愿景时，管理者首先需要以企业文化、团队精神等引导员工的思想，使团队更加团结。其次，在实现员工共同愿景的过程中，管理者要帮助 90 后员工做好职业规划，让其一步一个脚印地走好自己的路，最终推动共同愿景的实现。

2.1 建立团队目标，引导 90 后员工融入团队

为了让 90 后员工更快融入团队，管理者需要用企业文化引导他们、用团队精神感染他们。同时，管理者也不能只强调精神，而要结合实际，少“画大饼”。

2.1.1 用企业文化让 90 后员工跟上队伍

90 后员工有担当、有坚守，是建设和发展企业的重要力量。如何让 90 后员工跟上队伍，更好地融入团队中来？这需要管理者针对 90 后员工使用一些与众不同的管理小技巧。

在管理 90 后员工的过程中，管理者需要使用新的管理方式，让 90后员工迅速融入团队。首先，管理者需要引导90后员工准确定位。许多 90 后员工在走上工作岗位后，会觉得现实的工作与理想中的工作存在很大差距，从而产生失落、迷茫等情绪，长时间无法融入工作中。对此，管理者应指出他们的不足，并给予正确的引导，让 90 后员工正确认识自己，增强团队意识。

其次，管理者要以包容的精神帮助 90 后员工跟上队伍。在管理中，管理者必须打破惯性思维，全面地看待这些员工。除了指出他

们的不足，管理者还要用一种包容的心态来接纳他们，看到他们身上的亮点，准确把握每个人的优势，使其成为推动企业发展的新力量。

再次，管理者需要为 90 后员工营造良好的文化氛围。在对 90 后员工的管理中，管理者必须做到“走近员工、读懂员工”，准确把握 90 后员工的需求，在对其管理的过程中融入更多的情感，让他们在工作中感受到温暖。管理者可以用 90 后喜好的方式和他们交流、沟通，让他们感觉到自己是被尊重的，从而对管理者产生认同感和亲近感。

最后，管理者需要采取各种激励手段激发 90 后员工的创新意识。为了更好地发挥 90 后员工的潜能，管理者需要根据企业情况和 90 后员工的特点，选择正确的激励手段，制订符合企业和 90 后员工的激励措施，培养人才、留住人才。激励可以让 90 后员工了解企业容纳他们的态度，增强他们的成就感，加强他们对企业的认同感。

此外，在接纳 90 后员工后，管理者也要重视企业文化的培训，引导 90 后员工接纳企业文化。这样一来，文化教化变为文化感知，从心而生的认同才能更顺利地让 90 后员工融入企业、跟上队伍。

2.1.2 建立团队精神的情感纽带

如果员工能与团队其他成员实现双向的情感沟通，那么他们之间的情感链接就会更加紧密。团队精神能够让 90 后员工更好地融入团队，也能够引领员工携手共进，最终实现团队目标。

杭州一家文化传播公司的管理者就十分重视团队精神的培养和员工间情感的链接。为此，他设计了一些员工间互动的小活动。比如新员工入职时，会受到老员工的热烈欢迎，老员工会拥抱新员工并为新员工欢呼和鼓掌。这种活动使新员工和老员工间建立起了联系，强化了员工间的情感链接。

某些员工之间的联系仅仅是表面上的，他们一方面视彼此为工作中的合作伙伴，另一方面也会将对方看成奖励和晋升机会的竞争对手。但要想让团队发挥出更大的创造力和潜力，员工间必须建立更深刻的情感链接。

90 后员工都渴望获得归属感，当他们从其他员工身上感受到彼此的情感链接，并体会到被信任时，其融入团队的意愿会更加强烈。员工之间不能只存在工作关系，否则他们只会成为松散的同盟。若是彼此建立了更深刻的情感链接，他们就能在工作中体会到满足、自豪等情感。

信任的纽带为员工与员工之间的情感链接打下了基础，同时它也能激发员工的创造力。创造力依赖于员工的风险承担意识，当员工相信团队中的其他成员会给予自己支持时，其承担风险的热情就会更高。在充满信任的环境中，员工会觉得更安全，从而更愿意进行更具风险也更具创造力的活动。

管理者应怎样帮助团队成员建立信任？首先，管理者要对员工有信心，给予其一定的自由空间。管理者制订的规则和条例过于严格，就等于告诉员工，他对员工的工作能力不信任，他需要这些规则和条例来告诉员工在什么时候应该做什么。这会让员工觉得自己不被信任，也不利于其发挥创造力。长此以往，不仅团队的凝聚力会被稀释，团队的共同目标也无法对员工起到有效的引导作用。

当然，在建立员工间的情感纽带时，管理者要避开情感纽带的陷阱。建立情感纽带可以提升团队的战斗力，但彼此连接得太紧密也不利于团队的健康发展。团队成员间连接得太过紧密可能会导致企业内部产生小团体。各个小团体之间对决策可能会有不同的意见和建议。管理者需要开诚布公地讨论重大决策，听取不同员工的意见，纠正一些员工的错误思想，使企业中的气氛更加和谐。

2.1.3 多讲实际，少“画大饼”

在用团队目标引导员工时，管理者需要为员工讲明怎样才能实现这个目标。优秀的管理者不仅会明确告诉员工团队的目标，还会告诉员工如何做才能达成目标。

共同目标能够对员工起到有效的激励作用，这也是许多管理者喜欢用共同目标激励员工的原因。但是管理者在设置共同目标时也要注意目标的可实现性。也就是说，管理者要多讲实际，少“画大饼”。

除了设置合理的目标，管理者还需要把控目标实现的过程。管理者者并不是设定好一个目标，交给员工去执行就可以了。目标执行过程中出现问题时该如何调整，这也是管理者需要重点思考的问题。

想法与做法的差异在于，想法讨论的是目标，是策略，是应该做什么；而做法讨论的内容是执行程序、能力、细节、会出现哪些问题、怎样解决问题、如何才能实现想法。多讲实际就是要求管理者在明确想法的同时，更要明确实现想法的做法。

在建立团队目标时，管理者必须多讲实际，少“画大饼”。在目标的引导下，管理者需要制订清晰明确的执行计划，同时需要考虑到目标实现的过程中可能出现的问题及相应的解决方法。在目标明确、执行过程明确的前提下，管理者才能带领员工一步一个脚印地前进，目标也才会顺利达成。

2.2 帮助 90 后员工制订职业生涯规划

在用团队目标、企业愿景激励员工的同时，管理者也需要思考如何实现团队目标和企业愿景。企业愿景的实现需要一个长期的过程，为激发员工持续的动力，管理者需要帮助员工制订完善的职业生涯规划。

2.2.1 90 后员工职业生涯规划现状

完善的职业生涯规划能够加速员工的成长，使其发挥出更大的价值。职业生涯规划不单单是员工的事情，更关乎企业的发展。因此，管理者需要为员工制订职业生涯规划。但是就目前而言，90 后员工的职业生涯规划并不完善，企业在这方面存在着诸多问题。

问题 1：通道单一。

张健是一名经验丰富的电气维修技术人员，帮助公司解决了很多技术难题。公司管理者想提拔张健，但公司内部适合张健的晋升岗位只有设备部门的部门经理这一岗位，而张健性格内向，不善于与人沟通，不太适合做管理工作。为了留住人才，尽管知道张健不适合做管理工作，公司管理者还是把他提拔到了部门经理的岗位上。一段时间后，张健被不熟悉的管理工作搞得焦头烂额，其下属也对他抱怨纷纷，甚至要求其调离设备部门。在双重压力下，张健向公司递交了辞职报告。

许多企业为员工提供的晋升通道只有管理这一个方向，技术人员晋升的空间较小。这不但不利于技术人才的培养，也不利于公司的发展。

问题 2：规划缺辅导。

员工的职业生涯规划不仅是员工的事，也是管理者的事。但是，一些管理者忽略了对员工职业生涯规划的辅导。

王鹏是某大学机械制造专业的学生，刚进公司的时候，他被安排到设计助理的岗位上，并在该工作岗位上工作了3年。3年来，王鹏一直想转到设计师的岗位上，但他不知道怎样才能转岗，也不知道自己还存在哪些不足。部门管理者忙于业务，除了给王鹏下达工作任务，很少和他进行单独的交流，更没有为其提供过职业发展指导。王鹏感觉自己得不到重视，更看不到希望，在经过激烈的思想斗争后，选择了离开公司。

以上这两个案例都是因为管理者没有做好员工的职业生涯规划才导致了员工的流失，而对员工职业生涯规划的忽视是很多企业都存在的问题。一些管理者毫不重视员工的职业生涯规划，没有为技术人才设置合适的晋升渠道；还有一部分管理者，虽然为员工做好了职业生涯规划，却没有按照规划来引导员工发展。

90后是极具创造性的一代，如果有正确的指引，他们能够在合适的岗位上发挥出更大的价值。因此，管理者帮助90后员工做好职业生涯规划是十分重要的。完善的职业生涯规划不仅有利于员工的成长，也会更好地推动公司的发展。

2.2.2 建立公司与员工的共同愿景

在企业中，管理者需要建立公司与员工的共同愿景，激发员工的使命感；只有建立了共同愿景，员工才能更好地发挥个人的积极性。

杭州一家汽车销售公司已经发展了 5 年，有员工一千余人。公司在上个季度出现了金融危机，产品销售量出现了大幅下滑，这使得员工的工作状态十分不佳，对自己的未来忧心忡忡，甚至有些员工已经开始想着重新找工作了。

面对这种情况，公司管理者十分担心，如果员工长久这样下去，一定会进一步影响公司的发展。因此，对公司管理者来说，当前最重要的就是建立公司和员工的共同愿景，激励员工和公司共渡难关。

为此，公司管理者对公司愿景进行了完善，对员工的愿景进行引导的同时，又积极地听取员工的意见，帮助员工将自己的愿景更好地融入公司愿景之中，以使员工愿景和公司愿景一致。

首先，公司管理者向所有员工宣传了愿景的意义，讲解了公司愿景和员工愿景的关系，通过这些宣传引导员工树立共同愿景。

其次，公司管理者收集了员工结合自己的工作制订的符合自身实际的愿景，并对这些员工愿景进行了整理总结。此外还对一些不明确或者不正确的愿景进行了调整，最后确定了公司所有员工的愿景。

最后，在落实愿景方面，公司管理者与员工进行了深入的沟通，听取了员工在岗位上的发展目标、自身价值的实现等方面的意见。依据员工愿景和不同员工的特点、岗位要求等，管理者有针对性地为不同的员工制订了不同的帮扶措施。这种有针对性的帮扶措施有效地解决了员工在个人成长方面遇到的困难，成功地把员工愿景融入了到企业愿景里，使企业愿景和员工愿景实现了统一。

这些措施大大提高了员工工作的积极性，也提高了其对工作的使命感，员工的思想很快稳定了下来。虽然公司还未完全走出困境，但是，在所有员工的努力下，公司产品的销售量开始渐渐提升了。

上述案例中的公司，正是通过建立员工和企业的共同愿景，稳定了员工思想，渡过难关的。这说明了建立公司与员工共同愿景的重要性，共同愿景为企业和员工指明了共同的方向。

当然，树立共同愿景需要满足三个条件，一是得到所有员工的认同；二是保证所有员工都是自愿实现共同愿景的；三是让所有员工都能够体会到为共同愿景奋斗的意义，这样才能够激发他们的使命感和潜力。因此，在建立共同愿景时，管理者需要注意以下几点。

（1）在建立共同愿景的过程中，要加强与员工的交流，尤其是新入职的 90 后员工。人们的愿景只有通过交流才会达成共识。管理者要善于发现员工的想法，了解员工的价值观、愿望。不同的人有不同的想法，有的人希望变化，有的人不希望变化，有的人则在等待变化，面对不同的人，管理者要采用不同的激励方法，有针对性地做思想工作。

（2）经常向员工宣传企业愿景，以引导员工的思想。

（3）随着企业环境的变化，共同愿景也应灵活变化，但无论怎么变化，管理者都要保证员工愿景与企业愿景的一致性。

（4）立足全局，这是树立共同愿景的基础。

共同的愿景能够激发员工工作的积极性，让员工拥有无限的激情和创造力。因此，对于企业而言，建立共同愿景是非常重要的。不仅有利于企业发展，也能保证员工工作方向的正确性，推动员工的成长。

2.2.3 设置能看到的目标，工作才有“盼头”

看得到的目标即相对短期的、可实现的目标。那什么样的目标才算是可实现的呢？答案就是以结果为导向的周期性目标。以结果为导向的周期性目标包括三个要点，如图 2-1 所示。

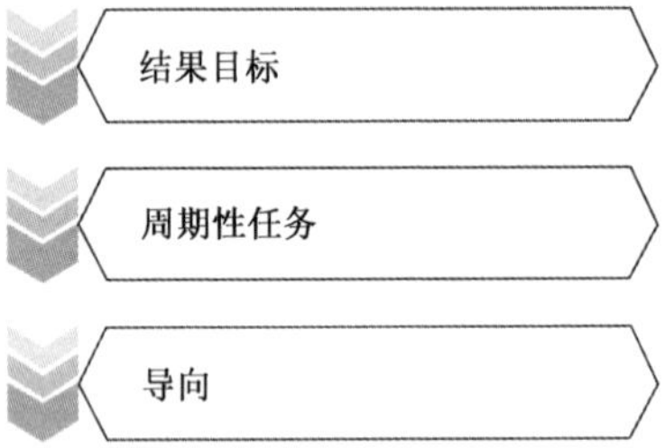

图 2–1　以结果为导向的周期性目标的要点

1. 结果目标

管理者设定的结果目标必须具体化，比如员工的绩效在一个月之后要提升多少，员工一个月完成的订单数必须达到多少等。

2. 周期性任务

有了明确的结果目标后，管理者就要开始反推怎么做才能达到这个结果。这时管理者需要做的就是把结果目标从时间和数量两方面分解成员工可承受的任务。

3. 导向

设定好结果目标和周期性任务之后，管理者需要做的就是监督员工一步步地达成目标。

设定看得到的目标，员工的工作才有盼头，因此，管理者在为员工设定目标时一定要考虑目标的可实现性。过于困难的目标会极大地挫伤员工工作的积极性。当然，管理者也不能设置过于简单的目标。过于简单的目标难以激发员工工作的积极性，也无法提高员工工作的效率。

管理者在设定目标时，要充分考虑目标的可实现性和其对员工的激励作用，为保证双方的平衡，管理者需要制订一个可达成且具有挑战性的目标。团队需要的是一个明确的、可达成的目标，同时也是能为团队发展指明方向的、能够改善现状的目标。

员工会因为实现了具有挑战性的目标而感到自豪，同时也会为了获取这种自豪感而更加积极地工作，从而提高工作效率。

成功的管理者会利用有挑战性的目标来激励员工做一些看似无

法完成的事情。例知，某公司管理者为打开新产品的市场，为销售部门制订了一个极富挑战性的目标：在第一个季度结束时，整个销售团队的销售量要达到 10 万件。

知道了这个目标后，员工议论纷纷。一些员工认为这是个无法达成的目标，因为新产品的受众并不广泛；也有一些员工对这个极富挑战性的目标十分看好，认为值得一试。同时，管理者对目标的实现也十分有信心。管理者通过员工反馈的信息，制订了一系列奖惩制度，在挑战性目标和制度的激励下，员工都在业务上投入了更多的精力。

经过了一个季度的努力，新产品的销售目标果然达成了。每个员工都在这一季度的工作中付出了更多的努力，而他们在获得更多奖励的同时也获得了成长。

团队目标具有挑战性，才能调动员工的潜力和工作积极性，才能促使员工努力提升自己，从而更容易实现团队目标。目标实现会带给员工成就感，增强团队的凝聚力。管理者要建立一支高效的团队，就要先设定一个明确的、有挑战性的目标，为员工指明方向。

总之，管理者在设定目标时，要平衡目标的可实现性和挑战性，在保证目标可实现的前提下，保证目标能够对员工起到激励作用。

2.2.4 目标适度：长短期目标结合设置

在帮助 90 后员工设定目标时，管理者需要重视目标的周期，平衡长期目标与短期目标。长期目标与短期目标相结合能够长久地指引 90 后员工的工作，同时也能够持续激发他们工作的积极性。

长期目标和短期目标有何区别呢？长期目标是比较长远的、需要为之不断努力的目标；短期目标是近期需要达成的目标。长期目标是实现多个短期目标后要达到的最终目标，短期目标是根据当前状况制订的短期内能够实现的目标。短期目标通常较容易实现，是为长期目标服务的。

长短期目标是相辅相成的。长期目标是企业未来计划达成的目标，短期目标则是以达成长期目标为目的的阶段性目标，管理者在平衡长短期目标时，要注意以下几个方面。

（1）长期目标需要根据公司现状和发展方向来制订。

（2）管理者需要将长期目标分解成短期目标。

（3）短期目标可根据执行中的实际情况进行调整。

很多管理者认为制订好公司的长期目标就可以了，这容易导致员工难以理解复杂的长期目标，也不能很好地执行。为确保长期目标的达成，管理者需要将长期目标分解成更利于执行的短期目标。

◇◇◇ 第三章 ◇◇◇

明确角色定位，避免亲力亲为

- 管理者不是工作的执行者
- 管理者的 5 种角色

管理员工，为员工安排与之相匹配的工作，并使工作圆满完成才是管理者应该做的事。管理者不要什么事都亲力亲为，要放手让员工大胆尝试。

管理者的主要工作是合理地为员工安排工作，帮助员工解决工作中出现的问题，通过各种管理手段激发员工的工作积极性，促使他们更好地完成工作。

3.1 管理者不是工作的执行者

很多管理者过去是公司的骨干员工，有时他们并不能意识到自己身份的转换，总把自己当成工作的执行者。但是，管理者的主要任务是管理员工，让员工提高工作效率以更好地完成工作，因此管理者必须转换自己的角色定位，帮助员工完成工作，激发员工的工作潜能。

3.1.1 管理就是通过别人完成任务

不管是管理员工，还是安排事情，最终的落脚点都是“人”，所以管理者工作的实质是管理人，而管理就是通过别人来完成任务。管理者必须具备掌握全局的前瞻性思考能力，懂得如何为员工分配任务。

管理者应根据任务要求及员工能力制订相应的分工计划，员工有了具体的目标，才能找到实现目标的途径。管理者的工作不是将员工圈在一定的范围内做事，而是去成就员工，提升他们的觉察力、自信心和责任感，帮助他们突破自我。

90 后员工刚入职场，在工作时可能会遇到自身能力不足以解决的问题，这时，管理者需要做的是激发出他们的潜能，而不是冲在最前方帮他们遮风挡雨。很多管理者在面对 90 后员工时，总是担心他们不能及时、熟练地完成任务，出于对他们的关怀，主动帮助他们完成工作，却不知这样只会让 90 后员工产生依赖，永远不能独立。

还有一些管理者为了表现自己的能力，总会夸大失败的风险，让 90 后员工陷入无助的困境，然后自己再“大展身手”。这样的行为不仅不利于 90 后员工的成长，也会阻碍管理者自身的发展。

管理者真正要做的是立下目标，并尽力为员工提供完成目标所需的资源、信息和其他支持，然后放手让员工去做。管理者不要做为员工披荆斩棘的开路人，而应尽力做一个“亡羊补牢”的牧羊人。员工在工作中出现的问题也能让员工吸取教训、总结经验、获得成长。

从 90 后员工的角度看，他们也只需要管理者将自己带进门，而不希望管理者事事限制自己。毕竟每个人的思维方式不一样，想法也不同。管理者应将目光放长远一些，不要将 90 后员工培养成一个模子刻出来的“复制品”，要帮助他们发挥自己的特长，使他们最终成长为工作能力突出的人才。

3.1.2 如何管理骨干员工

骨干员工是掌握了高精尖技术或者在某些方面特别出色的人才。

在其擅长的领域里，骨干员工的能力是十分突出的，激发他们的工作潜能能够让其发挥出更大的价值，因此，对于管理者而言，对骨干员工的管理十分重要。

骨干员工由于自身出色的业务能力及优秀的业绩深受管理者的喜爱，其也很容易以此为倚仗，不服从管理。管理者若一味地对骨干员工让步，不仅不利于解决问题，还会使普通员工不满，影响公司的氛围。因此，管理者应掌握管理骨干员工的有效方法，如图 3-1 所示。

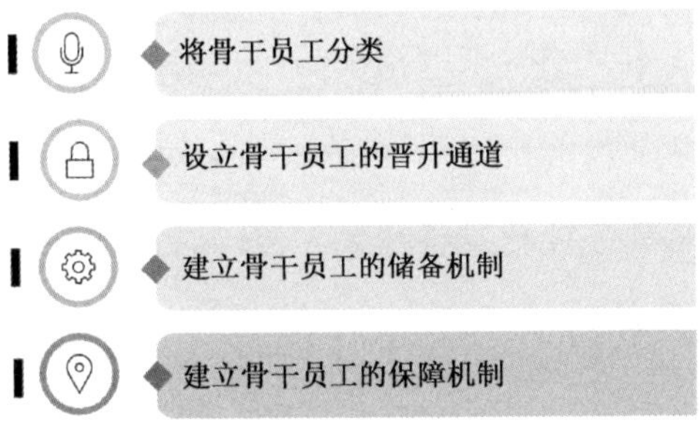

图 3-1　管理骨干员工的有效方法

1. 将骨干员工分类

骨干员工是通过自己长期的努力，凭借足够的实力得到公司上下认可的。根据不同来源，骨干员工可以分为三种类型：创业元老型、成长型及空降型。管理者要根据他们不同的特点来进行管理。

创业元老型骨干员工通常是从公司创立之日起就与创始人一起奋斗的人，他们对公司的业务非常熟悉，对公司也有着深厚的感情，遇事会从公司的角度出发，站在公司的立场上考虑问题。

成长型骨干员工通常是在中后期加入公司，随着公司一同成长起来的人，是骨干员工中较为庞大的一个群体。一方面，他们自身有能力，肯学习，通过长时间的历练，能够非常熟练地应对一些关键的业务或者问题；另一方面，他们接受公司的栽培，在公司遇到困难时选择不离不弃，始终保有忠诚的心。因此，这一类骨干员工的综合能力与素质普遍较高。

空降型骨干员工通常是行业的精英翘楚，是公司为了实现战略目标花费高额成本“挖”来或招来的高精尖人才。作为人人争抢的优秀人才，他们发挥的作用远远高于前两类骨干员工，能够帮助公司突破某个“瓶颈”顺利发展壮大。但同时，他们也会选择更好的平台来展现自己，因此，这类员工的流动性会很大。

管理者在分清骨干员工的不同类型后，要明确他们各自不同的需求，这样就能够在处理问题时根据他们的特点对症下药，更轻松地进行管理工作。

2. 设立骨干员工的晋升通道

在公司内部，普通员工进行流通替换是很正常的事情，因为其可替换性强，尤其是在公司培训机制完善的情况下，普通员工只需经过简单培训即可轻松上岗。普通员工的流通替换几乎不会对公司的运转造成什么损失。但是对于公司的骨干员工，尤其是成长型骨干员工，管理者一定要尽可能避免其流失。

管理者要设置合理的普通员工成长为骨干员工的时间及晋升通道。例如，管理者在制订员工职业规划标准时可以设立技术骨干人员的晋升通道：技术员助理—技术员—高级技术员—工程师助理—工程师—高级工程师。

公司内部设立清楚透明的员工晋升通道后，员工就对自己未来的发展有了清晰的认识，也能真实感受到成为骨干员工的好处，并且按着目标级别一步一步地成长。对于骨干员工来说，不论别人对他们的称呼，还是他们自身得到的待遇，都能够使他们获得满足感，也会促使他们努力工作，争当楷模。

3. 建立骨干员工的储备机制

即便公司设立了清楚透明的员工晋升通道，管理者也不能大意，要做好骨干员工突然离职的应对准备，如建立骨干员工储备机制。储备骨干员工可以从公司的普通员工中选拔，也可以指定一些可培养的人，但前提是必须保证这些储备人员的稳定性。

骨干员工储备机制不仅能够为公司培养一批优秀的人才，在公司出现人才短缺时迅速补足空缺，也能给在职骨干人员一定的竞争压力，促使其进一步成长。

4. 建立骨干员工的保障机制

建立骨干员工保障机制也是管理者管理骨干员工的有效手段，能够激励骨干员工更加积极地为公司做贡献。在具体执行时，管理者可以为骨干员工的家属提供必要的帮助，如向骨干员工子女提供入学奖励或进行适当补助。这些措施可以极大地提高骨干员工的积极性和荣誉感，让骨干员工的家庭感受到公司的善意。

骨干员工是公司的中流砥柱，管理者在对其进行管理时应以安抚为主，为他们带去实打实的福利。在晋升通道通畅和各种福利的激励下，骨干员工更能在工作中发挥自己的主动性和积极性，从而更好地推动公司的发展。

3.1.3 学会授权，别怕员工犯错

很多管理者都明白却很少做到的一件事就是给员工“放权”。究其原因，是管理者不允许事情出错。很多管理者为了更快、更有效率地完成事情，往往会亲自动手。在他们看来，与其让经验不足的员工草草完成，自己后期再“修补”，倒不如一开始自己就接手，这样更有效率。

然而，对 90 后员工来说，遇到这样的管理者时，他们会觉得自己没有得到足够的信任，很容易产生挫败感，并降低工作的积极性。同时，由于 90 后员工始终无法真正得到锻炼，一直无法突破自己，

因此能力也没有提升，始终无法独当一面。

在这种错位的工作状态下，管理者每天忙着琐碎的、本应由员工完成的工作，根本无暇做战略性的全局规划，更无法指导员工成长。管理者会发现员工常常办事“不靠谱”，丝毫没有进步的样子，于是更加不敢将任务交给他们来完成。这种恶性循环既不利于管理者与员工的成长，也不利于企业的长久发展。

管理者需要明白一点，正确地帮助员工成长不是将他们护在安全区不犯错，而是放他们出去磨炼，激发他们的潜能。在磨炼过程中，员工不可避免地会犯错，这是正常现象，管理者不能因此就放弃锻炼员工的机会。

员工不犯错，就不会发现自身存在的问题，更不知道如何改进。只有敢于放权，敢于让员工不断试错，管理者才能在发现员工的问题后，对症下药，帮助员工成长。而员工也只有得到了管理者的指点，才能获得成长的空间和机会，也才能产生承担责任的意愿，锻炼出独当一面的能力。

管理者需要通过适当授权来给员工试错的机会，并在这个过程中培养员工的责任感。在这种情况下，即便员工犯了错误，不用管理者督促，他们也会主动承担起责任，想办法去解决问题。

当然，管理者需要适当把握试错范围，以免出现对公司造成毁灭性打击的恶性事件。在合适的试错范围内，管理者应该放手让员工去做，并时时给予员工鼓励，做他们坚实的后盾。

3.1.4 营造良好氛围，让员工一马当先

在职场中，公司的氛围对员工有着很大的影响。当公司营造了积极向上的氛围时，员工自然会乐观地看待遇到的问题；当公司的氛围消极低迷时，员工便会士气低落，对未来持怀疑的态度。90 后员工注重体验感，对公司氛围的重视程度也比 70 后、80 后高。

因此，管理者需要营造好的氛围，引导员工积极向上，这样他们才会更相信彼此、更迅速地成长。那么，如何营造良好的公司氛围呢？管理者需要做好以下几个方面的工作，如图 3-2 所示。

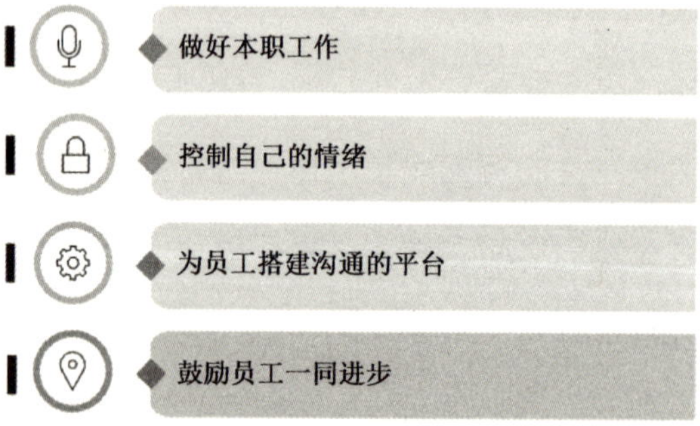

图 3–2　如何营造良好的公司氛围

1. 做好本职工作

想营造良好的工作氛围，管理者首先需要得到员工的认可。员工不会信任一个整天无所事事、没有能力的管理者，更不会全心全

意支持他的决策。

所以，管理者需要做好本职工作，体现出自己的能力，依靠实力赢得员工的认可，建立威信。在这样的基础上，管理者的行为才会对员工产生影响，才能引导员工规范自己的行为，从而形成积极向上的公司氛围。

2. 控制自己的情绪

管理者要注意情绪的管理，确保在发生任何问题时都能保持冷静，不被情绪掌控。因为管理者的情绪不仅会影响自身的决策，也会影响公司的氛围，影响员工的情绪。

例如，公司因某个员工出错而面临一场突然的危机时，管理者如果因此勃然大怒，在其他员工面前对该员工进行责骂，不仅对接下来的工作毫无帮助，还会让员工唯唯诺诺，不敢发表自己的看法，更加不利于建立良好的工作氛围。

管理者如果能够控制自己的情绪，冷静严肃地警告员工，并与员工一起分析问题产生的原因，一起找到解决问题的方法，就不仅会使员工主动承认错误并积极采取行动弥补错误造成的损失，还能避免该员工再一次犯错，帮助其成长，同时也能在公司中营造出一种良好的工作氛围。

3. 为员工搭建沟通的平台

日本松下电器的创办者松下幸之助有句名言："企业管理过去是沟通，现在是沟通，未来还是沟通。"沟通是非常必要的，它能消除公司管理者与员工、员工与员工之间绝大部分的问题。

管理者在自省公司的沟通现状时，可以思考下面几个问题。

（1）自己与公司员工经常沟通吗？在沟通过程中对方会坦诚地回答问题吗？

（2）公司中有"小圈子"吗？为何会存在这些"小圈子"？

（3）在布置任务时，员工能迅速理解并准确执行吗？员工对他们不明白的地方会踊跃提问吗？

（4）自己了解公司员工最近的工作状态吗？一般都是通过什么途径进行了解的？

通过对以上问题的思考，大多数管理者都能对公司的沟通状态有清楚的认知。如果公司内的沟通出现问题，管理者需要及时搭建沟通平台，帮助员工表达自己的想法，互相交流意见。

沟通平台可以以茶话会、辩论会、公司聚餐等形式展开，确保员工能够真诚地进行交流，加深彼此的联系与了解，为以后的合作打下基础。同时，管理者与员工间良好的沟通也会让员工倍感温馨，有利于良好公司氛围的营造。

4. 鼓励员工一同进步

管理者应时时为员工提供正面的评价和反馈，在需要的时候为他们提供援手，并鼓励员工互帮互助，引导大家一同进步。

在完成公司分配的任务时，管理者应引导员工从“战略上藐视敌人”，不畏难题，将解决问题当成乐趣。为了帮助员工更好地学习、进步，管理者应主动为他们提供学习机会。这样，员工成长才能带动公司成长，最终提高公司的效益。

综上所述，管理者想营造良好的公司氛围，需要从自身做起，与员工保持良好的沟通，最终带领员工共同进步。同时，管理者应注意，好的公司氛围并不是让员工一味乐观，而是让员工不论面对什么问题，都可以扛住压力，有信心去面对、有能力去解决。

3.1.5 角色错位的“症状”

首先跟大家解释一下什么叫角色错位。角色错位指的是角色扮演者的实际表现与社会、群体、组织、他人的期待和要求不符。

管理者角色错位的“症状”有哪些呢？我总结出了以下七个。

角色错位的第一个“症状”：因循守旧——穿着新鞋，走着老路。

角色错位的第二个“症状”：群众代表——不加分辨，为民请愿。

我的一个学员，去年年底给我发信息说他升职了，被提拔为车间主任。可是还不到一年时间，他就被撤职了，而且是被“一撸到底”。后来我渐渐了解到，我这个学员是个性情中人，心眼好，实在，为“民”请愿的劲头按都按不住。在这不到一年的时间里，为下属的工资福利，他已经在领导面前“仗义执言”好几回了，可现实是他们公司员工的收入，在整个园区里算是中等偏上水平的了。也许他的出发点是好的，关心下属，反映来自基层的呼声。可是大家要知道：没有一个领导喜欢员工站在公司的对立面，整天要条件、要资源、要待遇。新晋管理者最容易犯这种错误，因此更要注意摆正自己的位置。要知道，在组织中，你首先是公司战略的执行者，然后才是团队指挥者，对于下属的诉求不加分析和过滤，就“一股脑”站在公司对立面与公司讨价还价，这是很不理智的。

角色错位的第三个“症状”：一方诸侯——我的地盘，由我做主。

角色错位的第四个“症状”：劳动模范——事必躬亲，大包大揽。最后的结果是：自己很能干，可团队却越来越弱；自己很忙，员工却无事可干。

角色错位的第五个“症状”：好好先生——都不得罪，一片和谐。

角色错位的第六个“症状”：官僚作风——官气十足，以势压人。

角色错位的第七个“症状”：传声话筒——只会传话，没有行动。

3.2 管理者的 5 种角色

90 后员工在工作中注重体验感，追求公平公正，同时具有强烈的表现欲，渴望被认同。因此，在管理 90 后员工的过程中，管理者需要了解他们的需求，对其实行有针对性的管理。管理者需要从不同的角度认识自己的角色，才可以全方位地教导、鼓励 90 后员工努力工作。对 90 后员工来说，管理者是工头，是圣诞老人，是动物园园长，同时也是教练和牧师。

3.2.1 工头：有效执行，拿出成果

员工和管理者的一个主要差异在于，员工领取的薪酬是与自己的业绩相关的，管理者领取的薪酬是与员工表现相关的。因此，管理者应监督 90 后员工的工作，帮助他们成长，促使他们变得更有效率，努力做出更高品质的工作成果。

从这个角度看，管理者就如同工头。当工头承包了一个工程后，光靠他自己是没办法在规定时间内完成任务的。因此，他需要将任务合理分配给他的手下，让每个手下都充分发挥自己的能力，共同完成任务。

为了更好地提高 90 后员工的执行力，管理者应做到以下几个方面，如图 3-3 所示。

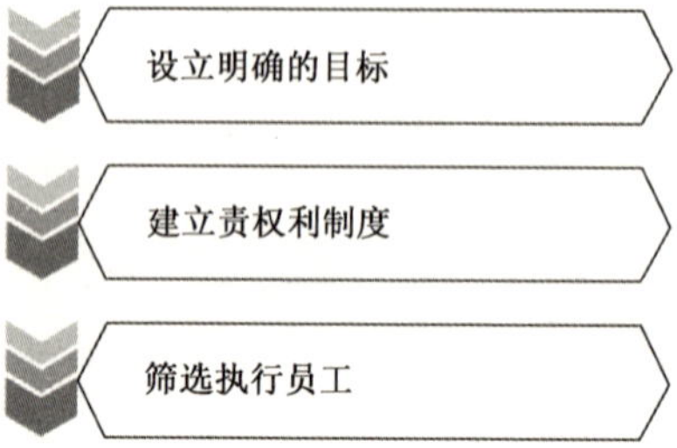

图 3–3　如何提高 90 后员工的执行力

1. 设立明确的目标

管理者首先应为 90 后员工设立明确的目标。有了量化的目标，90 后员工才能思考如何行动，并将想法落实。管理者还需要设立明确的进度表，为他们指引大方向，方便他们安排自己的工作。

2. 建立责权利制度

管理者想要保证 90 后员工工作的速度，就需要建立合理的制度来约束他们的行为。管理者在建立制度时要明确员工的责任，给予他们权利，并许诺他们利益。在完善的责权利制度下，员工出色完成任务可以获得奖励，未完成或者完成得不好则需要承担相应的责任。

另一方面，规定好员工的责任不仅能够让员工明确自己应该从哪个方向努力，还能使管理者在监督过程中更容易去帮助员工。在这样的双重作用下，员工能够更准时、更高效地完成工作任务。

3. 筛选执行员工

在面对新的任务时，管理者要根据员工的特点和任务的难易程度筛选出最适合执行该任务的员工。如何准确地筛选出最合适的员工？这需要管理者对每个员工的能力、特长有一定的把握。

管理者在工头这一角色中，要学会激发员工的执行能力，不仅要合理安排员工的工作，还要适时激发他们成功的欲望，帮助他们不断提升、实现突破。

3.2.2 圣诞老人：即时奖励，论功行赏

圣诞老人的魅力在于它的确定性与实实在在的奖励。孩子们都知道，如果他们表现得好，圣诞老人就会在平安夜带给他们礼物，所以他们会在那天晚上挂好圣诞袜，满怀期待地进入梦乡，等待圣诞老人的礼物。

如果孩子们为了得到圣诞礼物而在圣诞节之前表现得特别好，但圣诞节那天并没有得到礼物，那么即使之后他们又收到了礼物，也不会太开心。在管理中也是如此，管理者要给予员工即时奖励。员工在完成任务后始终得不到奖励，会严重打击员工的积极性，即使在很久之后他们又得到了这个奖励，这个奖励的效力也已经失去

了很大一部分。

因此，管理者要把握好对员工进行奖励的时间，在员工期待得到奖励的时间范围内及时地发放奖励，只有这样，对员工的激励效果才是最好的。管理者没有及时地发放奖励，不仅会减弱奖励对员工的激励作用，还有可能挫伤员工工作的积极性。

想要做到即时奖励，管理者就应制订激励制度，如员工竞争机制可以提升员工的进取心，岗位竞争机制可以引导员工向更具挑战性的职位努力，合理的激励制度能够有效地调动员工的积极性和主动性。同时，情感奖励也能对员工起到很大的激励作用。管理者采取情感奖励的方法可以帮助员工建立归属感，进一步加深员工的忠诚度。

情感奖励的前提是管理者要给予员工足够的尊重，要发自内心地重视员工的价值和地位，这样员工才能感受到自身职位与工作的重要性，并愿意付出更多的努力守好自己的“阵地”。同时，在工作的过程中，管理者要时刻让员工有参与感，这也是一种即时奖励。圣诞节前，家长让孩子与自己一起准备圣诞树、圣诞袜，这种参与感是幸福的源泉，能让孩子深深地融入圣诞节中。

圣诞老人会给“听话”的孩子送礼物，因此，孩子收到礼物，等于得到了圣诞老人的认可，这是一种荣誉。当员工完美地完成工作任务时，管理者应适当地给予其一定的荣誉，不论口头赞扬、提升职位，还是提供培训机会，都是对他们的认可，激励他们更努力去实现下一个任务。

3.2.3 动物园园长：识人善用，多元组队

动物园内有各种各样的动物，动物园园长需要了解每种动物的特性，明确哪些动物可以放在一起养，哪些动物不可以放在一起养，这样才能够更好地管理这些动物。对于管理者来说也是如此，管理者需要了解每个员工的特点，做到识人善用，将员工安排到最合适的位置，从而获取最大的效益。

被誉为“经营之神”的日本企业家松下幸之助曾说过，“企业运用人才主要是合适。小材大用、大材小用，都不是理想的用人准则。唯有适才专用，才能使员工的才能发挥到极致。”

管理者要对员工有清晰全面的认识，不仅要知道员工的优点，还要清楚他们的缺点。只有这样，在为员工安排工作时，管理者才能够做到扬长避短，使员工的能力得到最大程度的发挥。

为了更好地组织队伍，管理者应了解每个职位的工作内容，熟悉每个职位的能力要求，并为每个职位安排合适的人才。例如，一个工程师可以开发出创新产品，却不善言辞，那么他就不适合处理与合作方的对接事宜。

员工差异化并不是一件坏事，管理者应有选才、用才的眼光，从全局出发，量才适用。在优秀的员工身上找到缺点很容易，在普

通员工身上挖掘闪光点却很困难。因此，管理者要尽量放平心态，对员工一视同仁，找到每个员工的长处，并为他们充分发挥自己的长处创造条件，这样才能真正做到人尽其才。

3.2.4 教练：设定目标，示范指导

教练向学员传授知识的基本流程是“设定目标，说出道理，给予方法”。这个流程对管理者也同样适用。

管理者首先需要给员工设定一个明确的目标，这样员工在日常工作中才会有努力的方向。然后，管理者可以通过员工的日常工作、表现等分析员工的问题并为其制订相对应的训练计划。在员工汇报工作时，管理者应适当提出自身的看法，为员工打开新的角度，激发员工的新思路，这样才能达到举一反三的效果。

管理者想要有技巧地安排工作、设定目标，帮助员工更好地完成任务，就需要注意以下 3 个方面，如图 3-4 所示。

1. 考虑员工的喜好

管理者在为员工安排工作时要考虑到员工的喜好。员工在自身热爱的领域会迸发出更大的能量，展现出无与伦比的热情，也会感受到管理者对自身的关注及认可，对管理者的知人善用心怀感恩。

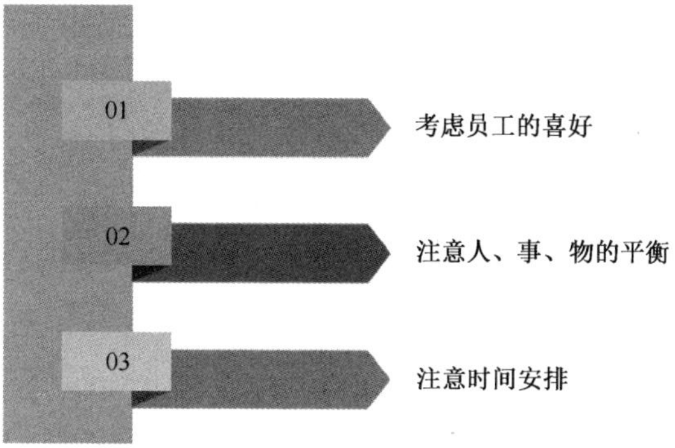

图 3–4　管理者安排工作时需要注意的 3 个方面

2. 注意人、事、物的平衡

在为员工安排工作时，管理者要注意人、事、物的平衡。管理者要在保证效率及收益的情况下，给每个员工展现能力的机会，不要因为员工能干就拼命给他布置工作，也不要因为员工能力不足便让他无事可做。

3. 注意时间安排

管理者在为员工安排工作时，要考虑到时间安排。管理者需要给员工充足的准备及计划时间，尽可能避免在截止日期临近时交代任务而导致员工疯狂赶工。

管理者在为员工安排工作时，首先展示的是自身的工作水平，这也是为员工提供示范。优秀的管理者会以自身为标杆，细致地教导员工，带领他们突破自我，走向更好的发展道路。

3.2.5 牧师：鼓励发言，认真倾听

牧师的主要工作是倾听，深入了解倾诉者的问题，疏解他们的心理压力。管理员工的过程中，管理者也需要学会倾听，为员工提供倾诉的机会，鼓励他们表达自己的想法，加深彼此的沟通。

很多时候，倾诉者只是需要一个“树洞”来疏解自己的压力，并不一定需要对方的回应。当他们畅快地表达了自己的想法之后，心中的郁结散去，便能够以轻快的心情客观看待自己遇到的问题。

检验管理者管理水平的标准之一是员工是否愿意在其面前抱怨。愿意抱怨说明员工认可了管理者，知道他能够接纳谏言，不会因此排挤自己。以下 4 个法则能够帮助管理者与员工进行更好的沟通，如图 3-5 所示。

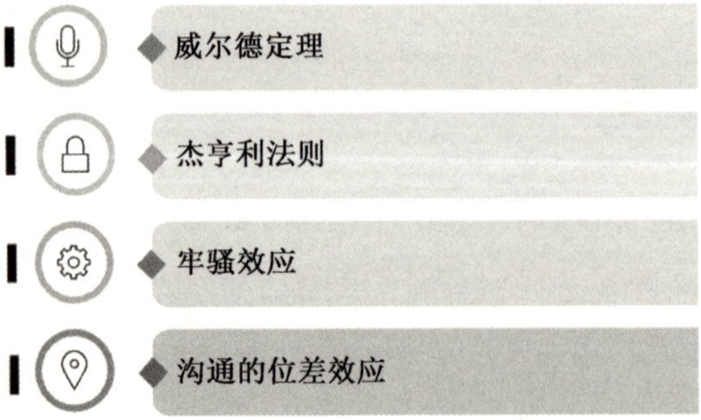

图 3–5 与员工沟通时需要了解的法则

1. 威尔德定理

威尔德定理由英国管理学家 L·威尔德提出，他认为“人际沟通

始于聆听，终于回答”。沟通是一个有始有终的过程，管理者应主动聆听，打开沟通的大门，积极回答。倾听意味着管理者尊重员工，不会因自身所处的位置而对员工有任何的轻视和偏见。善于沟通的人总是能够主动倾听周围的各种声音，并心平气和地进行理性判断。

如果管理者善于倾听，员工可以切身感受到自己的意见在被聆听、被重视，从而会踊跃发言，管理者也能够收获活跃的团体与无尽的灵感。

2. 杰亨利法则

杰亨利法则的提出人为杰瑟夫・卢夫特和亨利・英格拉姆，其核心思想是运用坦率真诚的沟通方式来使双方相互理解。将其运用到员工管理中，则表明管理者需要在与员工的沟通中保持坦率真诚。

维京集团的创始人理查德•布兰森在企业内部建立起一个“把你的点子大声说出来”的创意机制。为此，他向企业所有员工提供了自己的电话号码，保证员工一旦产生好的构想，就能通过各种渠道立刻让他知晓。同时该企业每年还会举办一次“家宴”，为那些想要贡献创意但在平时工作中难以接触到布兰森的员工提供与之交流的机会。

在布兰森的以身作则下，该企业旗下的每一个公司都建立了类似的机制。如某常务董事在一家餐厅常年预留 8 个空位，任何员工有了好的想法，都可以申请和他在那里共进午餐来交流。

3. 牢骚效应

在芝加哥郊外有一家制造工厂，这家工厂的各种设施都很完善，福利待遇也不错，但员工的积极性并不高，产品的销售额也很一般。

为找出原因，在厂长的申请下，哈佛大学心理学系派出了一个小组对这个现象展开了调查研究。在他们进行的一系列实验中，有一个谈话实验格外引人注意。实验中研究人员找员工分别进行谈话，倾听员工对厂方的意见或不满。在这个过程中，研究人员始终非常有耐心，没有表露出不耐烦等情绪，更没有反驳员工的话。

在谈话实验进行的两年时间里，研究人员接待员工达两万余人次，同时，工厂的产量也在这两年有了大幅度的提高。研究人员对这一现象进行了分析，发现其原因是员工对工厂长期的不满无处发泄，而在谈话实验中发泄后感到心情舒畅，因此工作干劲十足。这就是牢骚效应。

牢骚效应告诉管理者，员工在工作中也会有负面情绪。管理者不能压制员工的负面情绪，正确的做法是引导员工主动发泄出来，这能帮助他们保持身心健康、提高工作效率。

4. 沟通的位差效应

沟通的位差效应由加利福尼亚州立大学提出，其具体内容为，管理者向下传达的信息只有 20%~25%能够被接收的员工正确理解，员工向上反馈的信息只有不到 10%能被接收的管理者正确理解，但是平行交流也就是同一层级的人交流，其沟通效率却高达 90%以上。

由此，研究人员初步得出结论，公司内平行交流的效率之所以如此高，是因为它建立在平等的基础上。为进行深入研究，他们在某个企业内部建立了一种平等沟通的机制。结果表明，建立这种机制后，企业内管理者与团队协调沟通的效率变得更高，而且管理者与员工在价值观、经营哲学等方面也能很快达成一致。不仅如此，各部门、各团队之间的业务流程、信息流动变得更为顺畅。最终，研究人员得出了“平等交流是企业有效沟通的保证”这一结论。

因此，在与员工进行沟通的过程中，管理者要努力做到平等交流。管理者与员工进行交谈时不应摆架子，这会挫伤员工的积极性。管理者与员工平等交流，员工才愿意向管理者吐露心声，双方的交流才能更有效率。

通过以上 4 个法则，管理者能够进一步了解如何倾听员工的意见，鼓励员工发言，并达成良好的沟通。在这样和谐的交流环境下，员工能够更好地排遣心中的负面情绪，放下心理负担，轻装上阵，更好地接受管理，为公司服务。

第四章

构建游戏化团队，让工作变得更有趣

- 多维度激励，培养员工进取心
- 任务驱动与情感驱动相结合

90 后员工追求独特，而管理者构建游戏化团队，让工作变得更有趣，就能够吸引 90 后员工，激发其工作热情。如何构建游戏化团队是管理者需要了解的重要课题。

管理者在构建游戏化团队时，首先要明确团队愿景，其次要制订好游戏规则，同时要建立好反馈系统。此外，游戏化的工作形式能够让员工工作更加投入，管理者需要以此为出发点，让任务与情感同时成为员工工作的驱动力。

4.1 多维度激励，培养员工进取心

游戏化的工作能够提升员工对工作的兴趣，在此基础上，管理者结合游戏化工作对员工进行多维度的激励，培养员工的进取心。如何通过游戏化的工作对员工进行激励？这需要管理者将激励内容融入游戏化工作中。

4.1.1 设定鼓舞人心的团队愿景

管理者要想构建一支优秀的团队，首先要为团队设定一个清晰而具体的团队愿景。明确的愿景不仅可以给员工指明方向，让其在遇到问题时以此为参照标准，权衡利弊并排列事物的轻重缓急，以达到最优的决策效果。

团队愿景是员工工作的一个导向。设立团队愿景时，管理者的目光不能仅仅局限于团队中，而应放眼于更广阔的未来。例如，一个团队的愿景只是顺利实现团队目标、成为部门内最好的团队，那未免有些狭隘，无法更好地激发员工的荣誉感和责任感。

但是，如果这个团队的团队愿景是“带领 13 亿人读书”“保护

地球的每一棵树”等，就不仅能鼓舞团队员工，同样也能感染团队项目的受众。同时，这种宏大的愿景能够让身处其中的员工体会到荣誉感与肩负的责任，并更积极地为实现这个愿景而努力。

《奇葩说》是中国首档脱口秀辩论节目，以传达的独特观点与密集的知识输出赢得了大众的喜爱。打造出如此出彩节目的幕后团队就提出了十分具有感染力的团队愿景。该团队在节目创立之初的愿景是“向世俗既定的黑白对错宣战”。这个愿景不仅展示了该团队的情怀与梦想，也让团队中的每一个员工感到热血沸腾。

试想一下，如果《奇葩说》最初的团队愿景是“做一档受观众喜爱的辩论节目”，还能够达到鼓舞士气、一鸣惊人的效果吗？显然是不能的。因此，管理者需要重视团队愿景的设立。

一个团队的愿景由核心价值观、初心、使命、战略构成。核心价值观指一个团队存在的最深层的信念；初心指团队设立的初衷；使命代表了团队需要实现的最终目标；战略是团队为实现使命应采取的行动步骤，可以是长期的，也可以是短期的。

因此，管理者需要设立鼓舞人心的愿景，为要完成的使命制订战略，具体到年度目标、月度目标等，然后以目标完成为导向，将其分解为一个个可以执行的具体任务。这样一来，员工就会知道每天要做什么，如何去做，就能够快速提高工作效率，保证目标的有效达成。

谷歌一位创始人曾说过：“拥有宏大的、美丽的共同愿景对于团队的成功至关重要，因为它可以让所有人保持专注并朝着同一个方向前进。否则，团队会因为没有远见、缺乏重点和动力匮乏而遭遇重大挫折。”

愿景是一个团队存在的基础，如果一个团队的愿景不明，员工没有努力的方向，只是每天机械地做着被分配的任务，那他们就无法从中得到收获与成长，也无法做出有价值与有意义的事情。

管理者要注意的是不能空谈团队愿景。很多管理者在为员工描绘团队愿景时讲得十分鼓舞人心，但在执行公司战略、分配组织任务时又完全抛开愿景。这样的后果是员工无法感受到自己的工作与愿景之间的关联，会逐渐失去对管理者的信任，同时团队愿景也无法有效地鼓舞员工。

管理者在管理员工时，应将愿景与具体的行动联系起来，为员工或者团队的每一个小小的进步庆祝，让员工能切身感觉到自己在推动团队愿景的实现，并且一直朝着期待的方向在前进。

4.1.2 制订清晰的游戏规则

制订清晰的游戏规则是有效管理的核心。大量的数据表明，监督并不能有效解决管理中存在的问题，合理的游戏规则才是解决和预防问题的关键。尤其是对于年轻的 90 后员工来说，游戏化的工作更具吸引力，更能激发其工作热情。

很多管理者认为公司制度是为了约束员工而单方面制订的行为规范。这种想法的狭隘之处在于管理者认为在管理过程中，员工应该无条件接受管理并主动按照制度约束自己。而真实的管理过程更像是管理者与员工的一场博弈，是无数局需要付出思考才能获得胜利的游戏。因此，管理员在制订制度时绝不能想当然地认为员工会服从，而应该经过多方调研，建立一个能够综合各方面因素、合理约束员工的规则。

如同游戏开局时，玩家需要明确自己的职业、技能、血条、任务及奖励一样，在制订公司的规则时，管理者也需要让员工明确他们的职业岗位、应该承担的责任、拥有的权利以及能够获得的利益。这样，每个员工都能知道自身在团队中的定位，避免人浮于事。

管理者可从标准、流程和奖惩制度三个方面制订游戏规则。

1. 标准

标准即每个岗位的具体要求及对工作完成度进行评判的依据。一项工作更适合谁来做？需要做到什么程度？需要在什么时间完成？每隔多久需要进行汇报？等等。所有这些明确的要求整合起来就是这项工作的标准。

2. 流程

流程即员工如何将工作做对、做好，是员工按照工作标准去分解工作并采取的步骤。流程由每一步应该怎么做、出了问题应该如何解决、每个环节要向哪位管理者汇报等这类明确的步骤串联起来。

3. 奖惩制度

奖惩制度即规定在一项工作完成过程中或者完成后，管理者对完成出色的员工应给予何种奖励，对完成度不高的员工应给予何种处罚等的制度，是一个硬性的衡量评价标准。明确的奖惩制度既能给员工以正面激励，也能给予员工一定的压力，推动他们按照流程、遵守标准、认真做事。

管理者在遇到问题时，首先应从工作的源头上去思考，反省有无按照游戏规则办事，以及规则是否出现漏洞等，具体可以从以下 3 个方面检查。

（1）是否有明确的标准？该标准的出发点是否符合团队要达到的目标？按照现有的标准做事是否能够达到预期的效果？该标准是否需要进一步完善？

（2）是否有清晰的流程？该流程是否有助于团队按部就班实现最初的目标？按照流程做事能否提高效率？该流程能否帮助管理者达到管理的目的？该流程中是否存在不合理或多余的步骤？是否需要进一步完善？

（3）是否有相应的奖惩制度？该制度能否对团队起到预计的激励作用？该制度能否推动员工进行自我管理？该制度的奖惩规则是否合理？是否需要进一步完善？

按照以上问题对规则进行反思后，管理者应根据自己得到的答案对规则进行改善，确保规则不出现漏洞。制订清晰的规则除了能够激发员工的工作热情，还能够规范员工的行为，确保员工在游戏化的工作模式下充分发挥工作的主动性。

4.1.3 建立及时的反馈机制

很多 90 后热衷于打游戏，这是因为在游戏中他们能够得到最及时的反馈，获得最大限度的满足。在游戏中，玩家每完成一个任务，都会及时收到金币或物质奖励。正是因为玩家在游戏中做的每一件事都能及时获得收益，每一份付出都能得到相应的收获，才会有那么多的玩家沉迷于游戏中不可自拔。

管理工作也应如此，如果管理者能够建立起及时的反馈系统，保证员工每做完一个步骤都能得到及时反馈，那么员工就会在工作中得到良好的体验，并能保持对工作的热情。

除了给员工提供良好的工作体验，及时的反馈系统的另一个优点是能够及时给员工认可。人们都喜欢确定的事物，在做有把握的事情时往往能信心满满。管理者如果能够在员工因不确定而感到困惑和不安时及时给予反馈、认可，员工就会对下一步的工作更有信心。

在建立反馈机制时，管理者需要注意以下 4 个方面。

（1）方向的反馈。团队做事是有方向与目标的，管理者需要及时给出方向性的反馈，如行动是否偏离了目标、方案能否被采纳等。

（2）具体事件的反馈。具体到工作中的某个环节，管理者应该在它运行过程中关注它投入的资源，并根据成本和产出的评估来进行及时反馈。

（3）工作沟通的反馈。有效的沟通是员工工作效率的保障，管理者应构建一个高效、精确的沟通模式，保证工作顺利进行。

（4）人员的反馈。在工作过程中，管理者要及时指出员工工作中的问题和缺陷，及时掌握员工的情绪和状态，公平合理地分配员工的薪资。

以上 4 个方面针对的是管理者对方向、工作、沟通、员工等方面的了解。此外，清晰精炼的表达可以使管理者与员工的沟通更高效，员工得到的反馈更精准。因此，管理者在建立反馈系统时，也要注意自身的表达，具体体现在以下 3 个方面。

（1）结构清晰、有重点

管理者在布置任务时应围绕 5 个 W（What，要做什么；When，何时完成； Where，发生的地点；Who，工作过程中要接触或关联到的人；Why，这项工作的理由、目的或根据）来进行。

同时，管理者在表达时要注意重点与层次，确保员工了解到工作中的先后顺序。

（2）语言精练、有力度

管理者在与员工交流时，表达要简明扼要，在提供反馈时，更应如此。管理者在表达过程中应少使用口头禅。“你们做得很好，但是我有一个小小的建议”“我没有别的意思，只是……”等类似的语言不适合出现在管理沟通中，因为它们会在一定程度上转移员工的注意力。

（3）反馈具体、有说服力

管理者在对员工的工作进行反馈时，要针对关键问题深度剖析，直指核心问题。反馈是为了让工作更高效地完成，因此，管理者需要在最短时间内，用具体的、有说服力的理由讲解清楚员工的困境，帮助他们及时地改正问题，将他们的工作拉回正轨。

反馈机制能够在员工执行任务时给予他们激励与认可，在遇到问题时帮助他们及时修正。在这样的工作环境中，员工会始终保有动力与自信，不断从工作中获得满足感。

4.2 任务驱动与情感驱动相结合

管理者想要员工主动、积极地进行工作，可以采取任务驱动与情感驱动相结合的方式。任务驱动就是发布有趣又具有挑战性的任务，给予足够的奖励，激起员工的好胜心，促使他们主动去完成任务。情感驱动则是给予足够的反馈，只要员工觉得做某个工作能够得到期望的、正面的反馈，他们便会自发去完成这件事，之后也会更加愿意去再次完成类似的任务或其他任务。

4.2.1 任务目标明确

让任务目标驱动员工的首要前提就是，员工明确了解任务目标。只有对任务目标有了明确的认识，员工才能够在任务目标的激励下产生更大的动力。管理者在制订任务目标时，应召集团队员工进行讨论，共同制订任务目标。这能最直接也最全面地帮助员工明确任务目标。

团队讨论的重点是让员工明确任务目标，发挥各自的长处，迅速制订相关执行策略，同时管理者需要与员工沟通好执行方案、实施的具体步骤等。

在讨论过程中，管理者要注意引导话题，把控会议的进度，保证会议高效进行；要认真倾听员工发言，并思考计划的可行性，及时做出判断。管理者作为会议的主导者，要充分发挥自身的主观能动性，促进员工之间的沟通交流，加快制订任务目标和执行方案的步伐。

确定任务目标后，管理者需要对任务目标进行解释，确保每一位员工都能够对任务目标有足够的理解。管理者需要经常问自己："我对任务目标的表达是否清晰？员工是否真正明确了任务目标？"只有对任务目标进行了清晰的解释，才能够有效消除一些员工对任务目标的误解，确保任务目标的顺利达成。

管理者必须保证员工都能够明确任务目标，避免产生不必要的误解，否则在之后的执行中会出现更大的问题。因此，管理者应该听听员工对任务目标的复述，一旦发现员工对任务目标存在误解，要立刻澄清。

4.2.2 对员工进行描绘

在构建游戏化团队时，管理者必须明确以下问题：游戏化管理的对象是谁？他们具有哪些特征？他们和自己是什么关系？能够激励他们的事物是什么？

为了找到这些问题的答案，管理者需要对员工进行描绘，具体可以参考以下两个方法。

1. 角色反问

首先，管理者游戏化管理的对象是员工，这是毋庸置疑的。想要达到管理的预期效果，管理者就需要站在员工的角度去思考，从员工的心理出发，反问自己以下问题：

他们有怎样的特征？要如何利用这些特征进行游戏化设计才能吸引他们？他们会对什么游戏感兴趣并渴望从中获得激励？

通过对这些问题的思考，管理者就能够总结出员工的统一特征，为游戏化设计积累素材。

2. 角色细分

员工虽然会有统一的特征，但细究起来还是各有特点的，这就需要管理者将员工进行细分。一个公司中的员工大体有以下四种类型。

（1）成就型员工：他们希望在工作中不断获得成功，这会为他们带来巨大的满足感，并给予他们继续拼搏的动力。

（2）探险型员工：这类员工乐于探索新的知识内容，对新奇有趣的事物充满好奇心，相比一成不变的工作，创新型工作更能发挥他们的创造力。

（3）社交型员工：这类员工具有强大的沟通能力，可以与不同类型的同事建立良好的关系，能够迅速团结起团队员工；

（4）“杀手”型员工：这类员工力求突破自己，会对自己要求严格，不断成长，但也会将自己的思想强加给别人。

面对不同类型的员工，管理者需要根据他们的特点，尽可能在游戏化设计时为他们提供他们所需要的体验。

4.2.3　衡量员工的行为

管理者在明确游戏化管理的目标、清楚了解员工的特征后，还要重点关注员工的行为并加以衡量。

首先，管理者要将员工的行为量化，然后才能进行下一步的分析。以游戏为例，玩家在游戏中想获得勋章或解锁下一个环节都有量化的数据要求，如积分达到某个数值、等级达到某个阶段，或者使用一定数额的金币等。这些就是行为量化，给予玩家一个明确的、可完成的指标，让他们可以随时掌握自己的进度并有动力继续前进。

管理者可以借鉴游戏中的积分、勋章等来对员工行为进行衡量。例如，将积分与员工的行为挂钩，员工每完成一项目标任务都可以获得相应的积分，而积分可以用来兑换物品或升级。

当然，在对员工行为进行量化并确定一定标准，并不代表着管理者的工作就结束了。管理者要时刻关注员工状态，并随之调整量化标准。员工行为会持续发生变化，很可能在一开始，员工能够接受管理者的量化标准，但之后逐渐感觉到所获得的积分与收益并不能匹配自身的行为价值，于是便逐渐开始懈怠。管理者需要根据员工的状态和反馈及时调整量化标准，始终将员工的体验感保持在最佳状态。

玩家在玩游戏时会有急切的求胜心理，会将取得胜利视为自己的第一目标。但管理者实施的游戏化管理并不真正等同于游戏，员工短暂的获胜也并不是衡量成功的真正指标。所以管理者需要慎重制订衡量标准，避免员工为求胜而走捷径，背离游戏化管理的初衷。

在游戏化管理设计中，管理者衡量成功的标准应该由团队想要达成一个什么样的目标来决定。例如管理者的目标是想让团队员工实现自主提升，那么衡量成功的标准就是有多少员工实现晋升、有多少员工实现创造性发展。同时，管理者需要注意的是，游戏化管理是为了更好地实现目标，只是辅助手段。管理者要时刻谨记这一点，不要在游戏化的设计中忘记了达成工作目标这一初衷。

4.2.4 设定任务周期

管理者在进行游戏化管理时，要设定好周期，以有效地规范员工行为，使事情朝着自己预期的方向发展。管理者可以借鉴参与回路与进展阶梯这两种游戏发展周期来设定团队的任务周期。

参与回路的关键在于反馈，要着重描述参与者的动机、行为、反馈的循环。管理者通过对员工行为进行即时可见的反馈，例如做出某个行为即增加或减少积分，反过来刺激员工采取进一步的行动。在这个过程中，员工始终能够明确发生了什么，并能把控下一步会发生什么。

也就是说，参与回路是通过及时反馈激发出员工想要进行下一步行为的动机，让员工继续参与游戏，并由此形成回路的。在这个过程中，不论正面反馈，还是负面反馈，员工都会选择继续游戏。参与回路的缺点是仅对员工当下的行为产生影响，无法捕捉员工成长轨迹的变化。

进展阶梯展现的是员工在任务中的整体表现。在游戏中，如果玩家每天的体验与刺激都相差无几，那么没过多久，他就会感到厌烦。进展阶梯可以用提升难度、增加兴趣点等方法不断提升玩家的体验感，让玩家有不断向上的感受。

通过进展阶梯，管理者可以发现，员工在工作过程中的感觉与关注的兴趣点在不断变化。管理者可以描绘出员工的兴趣曲线，并据此逐渐增加工作难度，使员工始终保持着对工作的热情。在这个过程中，管理者可激励员工不断克服每一层级的难度，并通过员工的成长轨迹来反馈任务的难度。

4.2.5 兴趣至上

管理者在设计游戏化管理时，要将乐趣贯穿到整个过程中。如果游戏化管理本身不具备趣味性，不能吸引员工主动参加，那么便失去了游戏化的属性，与普通管理无异。

因此，管理者在实施每一步行动、制订每一条规则，甚至下发每一项任务时，都要反问自己：这件事有趣吗？会吸引员工吗？能让员工坚持下去吗？

兴趣不仅仅是有趣、幽默，也包含着满足、激励、收获。因此，管理者在实施游戏化管理时，可以设置一些环节来不断满足员工的心理需求，使员工逐渐对工作产生兴趣，并且越来越专注。

玩家在玩游戏时会频繁地面临“障碍”，但是他们不会因这些“障碍”而对游戏感到厌烦，反而会积极主动地去跨越这些“障碍”，这是由于游戏的趣味性促使他们满怀热情的。

心理学中有一个“心流”的概念，指人们在专注于某个行为时，精神完全投入其中，不愿意被打扰，也不想主动中断的状态。当一个人陷入心流状态时，他会产生兴奋感与满足感。日常生活中，热爱自己事业的艺术家可能会进入这种状态，玩游戏的玩家也会进入这种状态，但员工却难以以这种状态进行工作。

管理者没办法要求员工像艺术家一样为工作投入高度的热情，但是，可以用兴趣将高难度的复杂任务分解，给予明确的目标和可操作性的步骤，即时发放奖励，激发员工的创造力与热情，促使他们以接近于心流的状态高效率地进行工作。

网龙网络有限公司（以下简称网龙）在对员工的管理方面就设计了各个环节来激发员工的兴趣。以“创新与激励部”为例，该公司管理者建立了一个悬赏系统，喊出“悬未解之谜，赏有识之士”的口号，将悬赏任务划分为不同的等级，每个等级都有明确的积分奖励，吸引员工去贡献力量。

同时，网龙还采用了游戏化星级的管理方法来激发员工的工作兴趣。员工通过公司的认证考试可获得星级，其中积分评定的内容有很多，如课件开发、业务创新、职称认证等。员工每个月都要根据星级的变化更换一次工牌，工牌的颜色、上面勋章的种类及显示游戏化星级的数字展示着他们在公司获得的荣誉。星级不同，公司发放的配套福利也不同。这种有趣的管理方式不仅让员工对工作产生了更多的兴趣，也使员工获得了更多的成就感和荣誉感。

此外，罗辑思维创始人罗振宇的内部团队也使用游戏化管理方式。罗振宇说，公司的每个员工每个月可以获得 10 张“节操币”，每张相当于人民币 25 元。员工可以用此在公司周边的咖啡厅和饭馆消费。不过有趣的是，这些“节操币”只能公开赠送给其他成员，自己不能直接使用，成员之间可以以自己的方式互赠，这也使得公司内部非常团结，正能量“爆棚”。

◇◇◇ 第五章 ◇◇◇

用制度管人，而不是“人管人”

- 制度是最好的约束机制
- 制度管人，流程管事

企业是由众多性格特征、专业能力各不相同的员工组成的，这些员工的想法、思维各不相同，在一起工作难免会有碰撞。因此，管理者想让企业良好运转，就必须制订能被员工认可的制度，合理约束员工，整合他们的行动。

管理者用制度管理员工，自己从旁辅助，能够极大地降低人为因素的失误，提高员工的工作效率。合理的制度不仅能够约束员工，更有助于员工形成统一的文化理念与价值观，推动企业的发展。

5.1 制度是最好的约束机制

制度是最好的约束机制，它不会受任何主观因素的影响，也不存在自己的喜恶，它对所有员工一视同仁，保证公平公正。管理者制订合理的、规范化的制度，可以使企业内部井井有条，降低人工管理成本，提升企业核心竞争力。

管理者想要最大限度地发挥制度的管理作用，必须保证制度达到 3 个要求：符合人性、符合公司实际、没有多余的限制。此外，管理者的管理模式要与企业的管理制度相符合，以便更好地约束员工的行为。

5.1.1 制度要符合人性

企业的制度一定要符合人性，否则很难推行下去。符合人性的制度才能够更好地落地，才能实现对员工的高效管理。

这里有一个问题，人性不是由少数人体现出来的，但制度恰恰是由少数人制订出来的。实际上，即使管理者在制订制度之前征求了全体员工的意见，这个意见也不一定就代表了人性。

一般而言，组织内部存在两种规则，一种就是制度，这是一种显规则，是刚性的。另一种则是制度没有涉及但现实中又存在的隐规则，是柔性的。隐规则不依靠制度显现，而是依靠文化、道德、意识等制度之外的东西来显现。

实际上，员工的许多工作活动和行为都受隐规则引导，而隐规则就是人性的表现形式。

如果制度在推行的过程中遇到了阻力，那么就表明企业内的显规则与隐规则产生了摩擦，也就表明这样的制度并不符合人性。管理者如何制订出符合人性的制度？这就要求管理者必须重视隐规则，即从文化、思想等方面思考员工的诉求。

制度要符合人性并不是说制度可以随意被破坏。制度是严格的、刚性的，这与制度中人性的体现并不冲突，严格的制度也可以体现人性，而隐规则也可以沉淀于显性的制度中。

制度的刚性突出体现在对工作流程、工作规范的管理上，即制度针对的是工作中的事情。管理者在管理人时，就可以柔性一些，即多从员工的角度出发思考问题，给员工一定的自主权，让其感受到企业对他的关怀。具体来讲管理者需要做到以下几个方面。

1. 体现对员工的尊重

管理者制订制度的目的是让制度约束员工的行为，但是制度也要充分体现出对员工的尊重，只有这样，员工才会更加认可制度。

2. 人性化沟通

制度化管理针对的是事情，但管理者在对员工的管理中要体现出人性。人性化管理的突出表现就是人性化沟通。即便是员工的工作出现了差错，管理者也不能对员工过于苛刻，要考虑到员工的感受。

3. 在制度中融入人性化的措施

在制度中融入人性化的措施是制度符合人性的重要表现。管理者可以完善企业内的福利制度，为员工的生活提供更多的保障。同时管理者也需要重视员工的发展，为其制订完善的职业生涯规划，这些都是制度人性化的重要表现。

符合人性的制度更能被员工认可，更易于推行，同时，也能够使员工更加认同企业的管理理念和文化，从而提高企业的凝聚力。

5.1.2 制度要符合公司的实际情况

制度是一个公司管理理念与文化的缩影，需要符合公司的实际情况。大公司的制度固然有可参考之处，但是一味追求别人的“成熟制度”，而不考虑自身的实际情况，就很容易产生问题。

管理者要制订符合自己公司实际情况的制度，就必须先明确公司的规模、组织架构、人员素质、业务复杂程序等情况，然后在此基础上进行研究。管理者要重视每一个因素，因为忽视任何一个因素都会影响制度的准确性和其功能的发挥。

公司制订的制度会影响到每位员工，因此，在制订制度时，管理者要注意收集员工的意见，具体的流程可参考以下步骤。

（1）由制订制度的主导部门及其他部门负责人在调查研究本公司数据后，共同起草。

（2）在制度初稿完成后，管理者需要组织人员对初稿进行评审。如果对其中的某些条款有疑问，也可以组织相关人员召开会议，对有疑问的条款进行修订。修订完成后的制度需要再次评审直至管理者和相关人员对制度没有异议。

（3）评审后的制度需要通过签批程序，由起草人签字、分管管理者审核、决策管理者批准。

（4）制度通过签批后，由主导部门组织新制度的宣传培训工作，保证公司上下所有员工充分了解这项制度。

（5）制度在正式实行之前要有一个试运行阶段。在此期间，任何员工都可以对制度提出意见和建议。管理者需要认真听取员工的意见和建议，对试运行的制度进行完善。制度的试运行期限可根据公司规模决定。

（6）试运行结束后，管理者根据试运行期间收集到的意见和建议对制度进行修订，之后制度便可正式实施。

在制度正式实施后，管理者还应定期组织各部门对制度进行全面的评审，如果发现问题，就需要及时修订与完善。毕竟随着社会的快速变化，公司所处的环境、自身的规模与业务范围都会发生改变，制度也不能一成不变。

合理的制度不仅要符合公司当前的情况，也应该符合公司五年后、十年后的情况。这就需要管理者时时监督、定期评审。需要注意的是，在修订制度时也要保持制度的一贯性和系统性。

5.1.3 不制订多余的制度

合理的制度能为公司带来良好的秩序与巨大的收益，但是制度并非越多越好。如果管理者只是为了束缚员工而去制订多余的制度，或者将企业文化和道德规范上升为管理制度，就会引起员工的反感，影响公司的正常运营。

管理者制订制度是因为制度具有必要性。不必要的制度会造成过度管理，给公司带来负面影响。过度管理表现在以下几个方面，如图 5-1 所示。

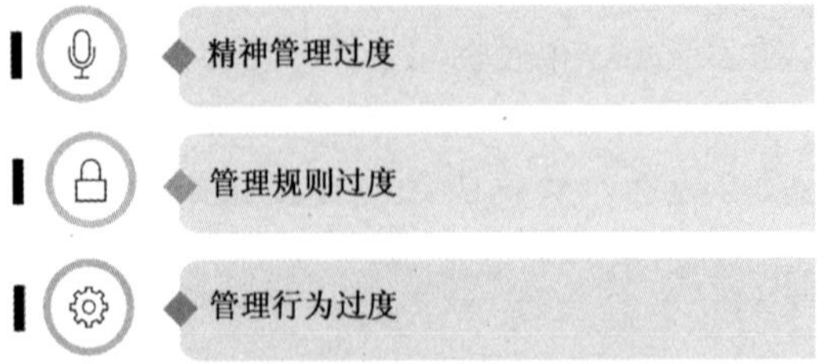

图 5–1　过度管理的表现

1. 精神管理过度

精神管理是企业对员工意识的持续性灌输和影响。但如果企业将精神管理列入制度中，又时刻变动，就很容易对员工造成负面影响。以企业文化为例，多变的企业文化很难对员工起到长久的引导作用，若管理者再把这样的企业文化上升到制度层面，那只会让员工无所适从，无法真正融入企业中。

2. 管理规则过度

管理规则过度表现为两个方面：数量过度与细化过度。

管理者每遇到一个问题就建立一个新制度，虽然其本意是避免类似问题再次发生，但实际情况是，在制度中加入了过多的条条框框，员工难以记住，也不利于真正解决问题。

建立制度可以解决问题，同时也会带来新问题。新的制度可能会和此前的制度存在相悖的地方，有的时候建立的制度越多，产生的问题也会越多。另外，不合理的制度也会打破原有的平衡。

对一些无法量化的工作强行进行细化也会导致相反的结果。如生产线的作业流程可以通过规定员工每一步的动作来提高效率，使员工工作标准化。但是如果公司强行制订制度以同样的方式来约束研发人员，那就是不可行的。

管理者在制订制度时，要根据岗位需求决定细化程度，紧盯目标，按实际需要来制订制度，这才是正道。

3. 管理行为过度

每个员工都有自己的思维方式与做事方法，管理者要尊重员工工作的方式方法，不能以制度来强加干涉。本来员工按照自己的方式能很快完成工作，在管理者的要求和制度的约束下反而可能会无所适从，甚至离目标越来越远。

很多管理者出于好心，想将自己的工作经验传授给员工，于是不厌其烦地处处指挥员工，殊不知，这反而会影响员工的工作效率。制度也是一样的，制度一旦干涉到员工的思维方式，就有可能降低员工的工作效率。

针对过度管理的问题，管理者可以从以下两个方面来解决。

首先，在出台每一项制度前，管理者都需要对其进行充分论证，明确其针对的是个别问题还是普遍性问题。管理者需要对问题发生的概率、危害程度以及问题的容错度等进行充分调研。

其次，对于一些偶发性问题，管理者可以采取临时解决措施，也可以采用操作指引、技能训练、完善其他规则等方式来避免类似问题发生，不需要为此制订多余的制度。

5.2 制度管人，流程管事

许多企业内部都存在员工工作效率低下、企业秩序混乱等问题，这并不全是制度制订不当所致的。企业内部缺乏严谨有序的规范化工作流程和执行标准也会使员工的工作无法推进。因此，管理者不仅要使制度规范化，还要使流程规范化。

规范化的工作流程能够使员工实现从“如何做”到“如何高效地做”的转变，同时也能够提高企业各部门的合作和协调能力。工作流程规范化最根本的目的是从整体上提高企业的运营效率。工作流程规范化、执行方案标准化能够促使员工在科学的指导下提高工作效率。

5.2.1 流程标准化，新员工入职不迷茫

标准化流程能够为员工的工作提供指导，避免员工使用错误的工作方法，尤其是对于刚入职的新员工而言，标准化的流程能够让

其明确自己的工作而不至于迷茫。以电话销售为例，管理者在培训员工时就需要有一套标准的流程。

第一步：讲好开场白。

客户提前挂电话是电话销售员经常遇到的事。客户为什么一接到推销电话就会挂断呢？是因为他们都认为这些电话打扰到了自己，但如果电话的开场白对客户有利，客户也会愿意听下去。所以电话销售的开场白要符合客户的角度，吸引客户愿意继续听下去。只有做到这一点，才有成交的机会。

第二步，谈预期。

如果销售的是减肥产品，那么开场时便要讲清楚产品的减肥功能。在谈预期时，员工可以说：“一般客户使用我们的商品 3 个月能够减重 5 公斤。”客户在听到这个预期后，很容易联想到自己 3 个月之后的变化，从而产生听下去的愿望。

第三步，深度挖掘需求。

之后，员工需要进一步挖掘客户的需求。在这个环节，员工一定要多听客户说话，同时要养成做笔记的习惯，将客户讲述的情况记录在笔记本上。

第四步，切入主题。

当得知客户没有购买过同类的商品或者正在寻找类似商品的时

候，员工就要把商品的优势充分介绍给客户。

第五步，签约。

签约过程可以细分为两步：合同细节沟通和正式签约。员工需要先与客户沟通合同细节，如果客户认可，那就可直接签约。

以上就是一个电话销售的标准化流程，将标准确定好，管理者在带教和培训环节就能够轻松一些。

新员工刚入职时通常会有 4 个困惑:为什么选我？我要做什么？我可以怎么做？我可以得到什么好处？为了消除新员工的这些困惑，管理者需要建立新员工培训系统。

比如，管理者可以让老员工充当新员工的导师，这样不仅可以让新员工快速了解工作、熟悉工作流程、实现复制，还可以促进团队成员的共同成长，培养团队精神。

戴尔公司培训新销售人员的制度被称为“太太式培训”。他们把销售经理称为新员工的“太太”，意思是销售经理要像新员工的“太太”一样不停地在新员工耳边唠叨、鼓励、指导，让新员工快速掌握销售方法和技巧，并帮助他们养成良好的销售习惯，从而使销售培训发挥最大作用。

戴尔的销售培训通常由培训经理和销售经理一起完成，新员工不但要向直属销售经理汇报自身情况，还要向培训经理汇报。培训经理负责着新员工的技能培训、跟踪和考核，此外还需要每周给新员工排名，让他们感受到压力，并化压力为动力，从而更加努力工作；销售经理则要担任教练和管理员的角色，让新员工熟练掌握销售方法，提高销售能力。

新员工入职戴尔后，首先需要进行为期三周的集中培训。戴尔会聘请专家为新员工讲解销售的过程和技巧，也会请优秀员工分享销售经验。同时，销售经理与培训经理都会参加每周末召开的例会，检查新员工上周工作进度，讨论分享工作心得，制订下周的销售计划。这种销售经理、培训经理、新员工一起交流的方法，可有效促进新员工的成长。销售经理在指导新员工、培训新员工的过程中也提高了自己的管理能力。

在没有“太太式培训”的时候，戴尔的新员工第一季度平均销售额约为 20 万美元，而经过这样的培训后，戴尔的新员工在第一季度的平均销售额达到 56 万美元。

5.2.2 去除繁复，做事只求稳、准、狠

在制度约束下，按照统一的流程做事是管理的基本要义。流程就是做事的顺序，每一步要做什么和怎么做都是有标准的。同时，流程只要求标准化是不够的，还要去除繁复、力求简洁，只有这样才能够帮助员工实现做事稳、准、狠。

徐成是一家科技公司新入职的员工。在经过简单的培训后，他

被分配到了岗位上。一个月后，徐成所在的部门针对徐成的工作进行了一次考核，HR 也对徐成的工作能力、工作效率、工作态度等进行了较为全面的考核，徐成在两次考核中都取得了不错的成绩。

在上述案例中，徐成所接受的两次考核真的都是有必要的吗？其实，两次考核的内容、结果相似，但是徐成所在的部门和人力资源部门都为考核付出了时间、精力。从整体来看，这样的安排也降低了考核的效率，凸现出了流程繁复的弊端。对员工的考核可以交给人力资源部门来做，员工所在部门从旁协助即可，这样一次全面的考核就足以检验员工的工作能力和表现了。

流程管事是必要的，但并非越多越好，流程去除繁复，做事才有效率。比如，标准化的员工培训流程应该包括以下几个方面，如图 5-2。

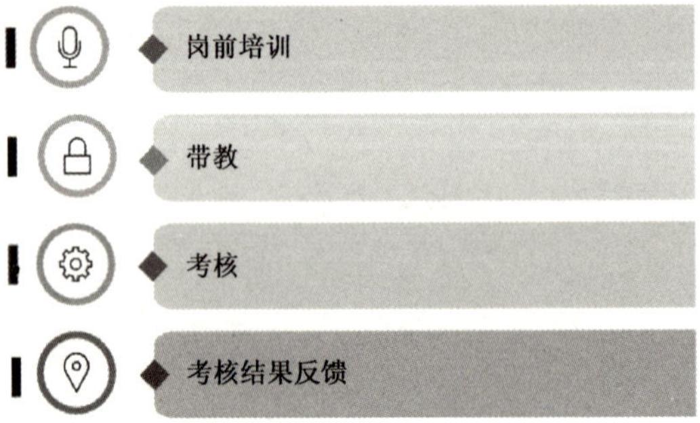

图 5–2　标准化的员工培训流程

1. 岗前培训

新员工入职后，管理者需要对其进行岗前培训，向其讲解企业文化、企业规章制度、岗位职责、岗位行为规范等，帮助其尽快融入企业。

2. 带教

新员工上岗后，管理者需要为其安排带教人员。带教人员一般为经验丰富的老员工。新员工在带教人员的指导下边学边做，反复强化，能够更迅速地掌握工作技能。

3. 考核

新员工入职一段时间后，管理者需要对其进行考核。考核由人力资源部门负责，新员工所在的部门为考核提供必要的数据。

4. 考核结果反馈

考核后，管理者需要就考核结果与新员工进行沟通。无论新员工是否通过考核，管理者都需要向其详细讲明考核结果，询问其工作中存在的问题。同时管理者也需要及时指出新员工在工作中的不足之处，以便其更好地开展以后的工作。

精简的流程能够有效提高工作的效率。管理者要分析每一个流程中是否有重复或者不必要的部分，去除繁复，这样流程才能够发挥最大功效。

◇◇◇ 第六章 ◇◇◇

严明标准：再简单的工作，也有标准

- 明确标准，给员工一个努力的方向
- 细化标准，细节决定成败

工作标准是员工的工作指南，如果没有工作标准，员工就无法判断自己的工作是否正确；如果没有工作标准，管理者也无法对员工做出准确的评价。

在管理者管理员工的过程中，标准是无处不在的，再简单的工作也有标准。同时，在明确标准的同时，管理者也需要对标准进行细化。

标准的细化体现在管理者管理和员工工作的方方面面，例如，工作有标准、岗位有标准、业务有标准、产品有标准、会议有标准。

6.1 工作有标准，管理者和员工少分歧

公司所有的工作都应有整体的、系统的、规范的标准。管理者制订工作标准能减少其与员工之间的分歧，便于对员工的管理，也有利于在企业内营造良好的工作氛围。因此，管理者必须重视企业的标准化、流程化管理。

管理者在管理员工的时候可能会遇到各种问题，如各部门之间职责不明、相互推诿；员工对自己的工作内容不明确，常常无从下手。管理者应该如何解决这些问题呢？这要求管理者建立工作的标准和流程，开展对企业、对员工的标准化、流程化管理。

流程管理是一种以规范业务流程为中心，以持续提高员工、企业业绩为目标的系统化方法，其揭示了企业管理的规律。流程管理能够把表面杂乱无章的各种工作按照内在的规律联系起来，为流程化工作制订科学的标准。

工作有标准、有流程能够为员工的工作提供指导，能够为管理者的管理提供依据，同时也能够有效减少管理者和员工之间的分歧，这主要表现在以下几个方面，如图 6-1。

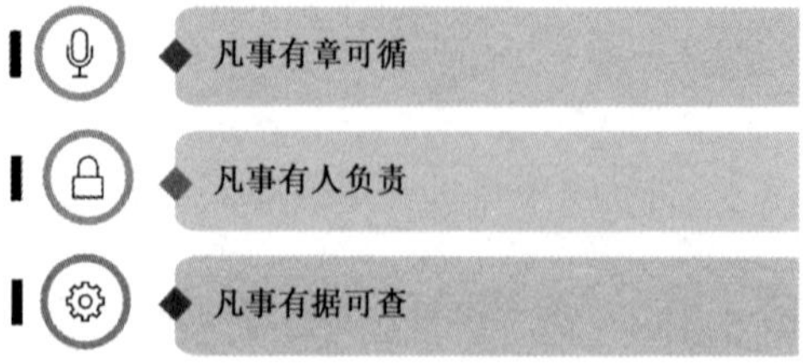

图 6-1　工作有标准、有流程减少分歧的表现

1. 凡事有章可循

工作有标准、有流程，员工的工作和管理者对员工的管理都有章可循，这不仅能够减少员工工作的失误，同时在员工出现失误，管理者对其提出意见时，员工也能够通过分析管理者的意见和工作标准更好地认识到自己的失误。如果工作没有流程、没有标准，不仅管理者无法准确地评价员工的工作，员工自己可能也意识不到自己的错误，从而导致双方产生分歧。

2. 凡事有人负责

工作有标准、有流程，员工的职责将变得更加清晰分明。员工职责明确，管理者就能实现精准问责，这也能够有效减少管理者和员工之间的分歧。如果工作标准不明、流程不清，员工就无法明确自身的职责，这样在受到管理者的问责时也会推诿，认为这个问题不应由自己负责，从而与管理者产生分歧。

3. 凡事有据可查

流程管理会让员工所有的工作活动留下痕迹，这些痕迹会为管理者的管理提供证据。在证据的证明下，管理者对员工的管理会更让员工更加信服，从而避免分歧的产生。

6.2 岗位有标准，公司不养闲人

企业的发展是靠员工推动的，提高员工的工作能力和业绩是管理者管理员工的重要内容之一。尤其是90后员工，他们是富有活力和创新力的一代人，为了让他们更快、更好地融入企业中，也为了让他们做出更好的业绩，管理者需要为每个岗位制订标准。岗位有标准，员工才能够明确自己的职责，才能够在标准的引导下提高自己的工作效率。

岗位标准主要包括以下几个方面的内容。

（1）岗位目标：能够让员工了解自己的岗位要做什么事、要达到什么目标。

（2）岗位关系：明确了员工在工作中需要与哪些人或者部门进行沟通，主要包括员工与上下级或平级同事间、与客户间的沟通等。

（3）岗位职责：是制订岗位标准时的主要内容，规定了员工需要完成的工作内容和需要承担的职责等。

岗位有标准对于企业而言是十分有利的。首先，员工的工作内容和工作交接会更明确，在工作中遇到问题后能够准确找到需要沟通的对象，及时解决。工作目标、工作任务的明确和工作流程的顺畅都能够有效提高员工的工作效率和业绩。

其次，员工工作起来得心应手，能够更快地融入企业，对企业的认同感提高了，员工的离职率也会变低。这在为企业节省了人力、财力的同时，也提高了企业的稳定性。

最后，员工刚入职后，会存在一个试错期。岗位标准为员工的工作做出了正确的指导，减少了其犯错的可能，也降低了企业的损失。

6.3 业务流程有标准，工作过程清晰、明确

管理学中流传着一种说法：没有标准就没有管理。当一项工作被分解成若干条标准流程时，一些凭借直觉和经验无法断定的工作内容会在客观的指标下变得清晰起来。业务标准化主要体现在业务流程的标准化上。

戴尔公司的销售系统已经实现了业务流程的标准化，尤其是在电话销售方面。依托于标准化的业务流程，戴尔公司的电话销售员足不出户就能够实现产品销售，戴尔公司也实现了快速发展。

客户从戴尔公司的各种宣传中了解到戴尔产品的配置、价格等

信息后，会打电话到戴尔公司询问。戴尔公司的呼叫中心会根据设定好的规则自动把电话分配给一位电话销售员。电话销售员可以在戴尔公司的系统中查询客户的名字和所在地。如果公司的系统已经记载了该客户，那么电话销售员就能够查询到该客户曾经购买过什么型号的戴尔产品、他购买的产品出过什么问题、他是何时投诉的，以及当时问题的解决方案等信息。

此外，客户询问产品信息时，电话销售员可以在系统中迅速查到相关产品的配置、功能、优点等信息。对于该产品的常见问题，系统中也有标准的答案，电话销售员可据此为客户介绍产品、解答客户的疑问。 同时，系统也会记录电话销售员的工作，包括电话销售员接听电话的数量、成交率、销售额等。

业务流程标准化可以统一员工的思想和行动，有效提高员工工作效率，同时也有利于提高员工服务水平。此外，只有标准化的业务流程才能使业务流程得以快速复制、推广，戴尔公司的成功一定程度上也得益于此。

6.4 产品有标准，人人都是产品专家

有产品，企业才会有效益，而产品的标准化是扩大产品生产规模、提高企业效益的有效手段，其优势表现为以下两个方面。

（1）产品标准化不仅能够提高生产效率，还能够有效避免生产中的失误，这对产品生产的安全性起到了有效的保障作用。

（2）产品标准化能够降低原材料、设备和其他生产成本，提高企业的规模效益。同时，能够有效保证产品的质量，有助于提高企业效益。

产品标准化的优势是很明显的。那么，管理者应如何做到呢？这需要管理者做好两方面的工作：物资标准化和生产程序标准化。物资标准化包括产品原料、半成品、成品的规格标准化；生产程序标准化包括生产流程标准化、检验流程标准化。

某厨具生产企业虽然生产的厨具质量非常好，用户群体也十分广泛，但是还是难以发展壮大，原因就在于该企业的产品没有实现标准化，产品产量始终上不去。

为此该企业管理者对产品的生产标准进行了统一的设计。首先，将蒸、炸、烤、炒等不同类型的厨具进行了分类，并将其功能按模块进行了划分。其次，统一、优化了各功能模块的用料和规格，这样在生产的过程中就可以节省材料和设备，实现大规模生产。

经过统一的设计，该企业的产品实现了标准化生产，节省了人工、材料。在标准化生产的推动下，该企业 2019 年的生产规模比 2018 年扩大了近一倍。

产品标准化是实现产品生产规模扩大的必要条件。产品有标准，产品的生产过程才能够得到优化，产品的生产才能够实现规模化。同时，产品标准化能够降低企业的生产成本，提高企业生产效益。

6.5 会议有标准，时间不浪费

为了统一高效地布置任务，管理者时常需要召开各种各样的会议，但召开会议也是有要求的，管理者需要按照一定的标准来召开会议，不了解召开会议的标准就会导致产生各种问题，最终难以发挥会议的作用。

无效的会议表现为以下几个方面。

（1）参而不议：参加会议却不对会议内容做讨论。

（2）议而不决：讨论问题却不做决定。

（3）决而不行：做出决定却无人执行。

（4）行而无果：做出了行动却没有效果。

想要召开一场有效的会议，管理者就必须做好 3 个方面的工作，即会前准备、会中控制、会后跟进。

1. 会前准备

“凡事预则立，不预则废”，管理者想高效地召开和组织会议，制订标准化的会议流程、做充足的会前准备工作是必不可少的。

首先，管理者需要明确召开会议的必要性。如果只是为了开会而开会，那么这样的会议注定是无效的。在召开会议前，管理者应该确定会议是否有必要召开，明确会议的作用。

其次，管理者要确定会议的目的。确定了会议的目的，管理者才能够对会议内容做进一步的规划。

再次，管理者要明确会议的议题。议题即会议要解决哪些问题，其主导着会议的方向。议题有主次和先后之分，这样才能够保证问题被高效解决。

最后，管理者要设计好会议的流程。在会议开始时，管理者需要对员工讲明会议的目的、议题等。同时，每个议题的讨论时间和顺序都需要管理者提前设计好。部门、员工的发言顺序也需要提前安排好。

2. 会中控制

在会议召开时，管理者需要控制好会议的进程，确保会议能够按照此前设计好的流程顺利完成。在会议召开的过程中，管理者需要注意把控员工讨论的时间，某个议题的讨论时间截止时，无论有没有得出结果，都不应该再继续讨论，否则会影响接下来议题的展开，也会影响会议的整体进度。

3. 会后跟进

并不是会议结束了，会议的工作就结束了，会议是否有成效关键还在于会后跟进的效果。管理者应在会议中记录好哪些问题需要由哪些人负责，以便对负责人的后续工作进行跟进。只有确保会议中提出的问题在会后被顺利解决，会议才是有效的。

会议的时间是十分宝贵的，为了提高会议的效率，管理者必须按照严格的标准召开会议。管理者需要在会前做好充分准备，在会中严格把控会议进度，在会后持续跟进问题的解决进度，只有做到这些，才能保证会议是有效的。

◇◇◇ 第七章 ◇◇◇

懂得数据分析，才是管理“硬道理”

- 数据分析的方法
- 数据分析的工具
- 如何开展数据管理工作

数据分析在公司管理中具有重要的作用，管理者如何确定员工的工作目标？如何合理地分配不同岗位上员工的工作？如何准确地对员工的工作进行考核及评价？这些都需要管理者懂得数据分析。

数据分析有不同的方法和工具，这些都是需要管理者了解的。同时，管理者还需要学会如何开展数据管理工作，让数据管理成为提高员工工作效率的利器。

7.1 数据分析的方法

数据分析属于统计学领域，指依据实际情况选择恰当的统计分析方法对收集来的数据进行处理、分析，并针对得出的分析结论加以详细研究和总结的过程。对管理者来说，数据分析有着不可忽视的重要作用。

数据分析的方法是多种多样的，每种数据分析方法都有各自的特点和针对性，在对员工的业绩、成长情况、目标实现情况等进行数据分析时，管理者需要采用合适的或者多样的数据分析方法，来对员工各方面的情况进行科学的分析和管理。

7.1.1 对比分析法

对比分析法可以分为纵向对比和横向对比。纵向对比是指将不同时期的指标数据放在同一总体条件下进行比较，比如本季度业绩与去年同期或是与上个季度的业绩对比；而横向对比则是指将不同的总体指标放在同一段时间内进行比较，比如不同部门、不同员工之间同一时期的业绩对比。

以员工的销售数据为例，管理者需要对员工的销售业绩做横向对比分析，即“看第一名与最后一名的业绩差距是多少”。

例如，对某一年员工的销售量做横向对比，其中员工 A 的销售量最高，员工 B 的销售量最低。管理者可以算出二者的销售量差距，然后针对这一结果做进一步的分析，比如为什么员工 A 可以达到如此高的产品销售量，他是怎么做的？为什么员工 B 的产品销售量不尽人意，这其中存在着哪些需要注意的问题？解决这些问题，正是对比分析法的最终目的。

对员工的业绩进行对比分析，实际上就是通过对比不同员工的业绩来激发员工的工作上进心，激励他们在以后的工作中取得更高的业绩，这也能够在企业中形成一种良性的竞争氛围。

对比能够体现出差距，只有把员工实际完成的工作业绩转换成具体的、精准的数据，让其清楚地看到与其他同事的差距，才能让他感受到刺激，产生一定的紧迫感，从而收拾好自己的情绪，调整工作的方法与技巧，为达成下一阶段的目标做出改进与努力。

7.1.2　分组分析法

分组分析法是将研究总体按照某一标志分成几个不同性质的组，然后在此基础上对当前存在的问题做进一步的分析，并最终正确地解决问题的方法。

在分组的过程中，管理者必须保证组与组之间的差距尽可能大，而组内部各成员的差距尽可能小。这样做是为了让组与组之间能更容易、更直观地反映出问题，让分组分析法发挥出应有的作用。

一般来说，公司都会有多个小组，如项目小组、功能小组、固定工作小组等。管理者需要根据某一标准，比如“是否达到规定的业绩目标”来分类，将那些没有达到目标的小组分成一组，已达到目标的小组分为另一组。

分组后，管理者需要仔细研究各组的实际情况。经过大量的数据分析后，如果管理者认为能够通过将某几个小组合并起来的方式取得更高的利益，那么他就需要将这些小组合并起来以解决人员冗余和工作效率不高的问题。在这种情况下，管理者选择合并是出于对企业整体利益考虑的。

很多时候，合并并非单纯地将两个小组或多个小组组合到一起，而是有选择性地将两个或多个小组中的优秀员工集合到一起，集中优质资源，形成一个更为有效的大团队，以提高工作效率，实现企业利益的最大化。

7.1.3 结构分析法

结构分析法是指通过计算结构相对数的方式，对现象的结构特征以及内部结构随着时间的推移而逐渐产生的变化规律进行分析。

管理者需要注意的是，这一分析方法要在统计分组的基础上才能完成。

结构分析法一般可以运用在以下几个方面。

（1）将调查问卷投放至市场进行市场调查后，可以使用结构相对数来反映最终的问卷调查结果。

（2）可以利用结构相对数来分析整体数据的质量或者员工工作质量。

（3）在分析现象的性质以及所属类别时，可以根据现象的内部结构来分析其特征。

（4）在研究现象之间的平衡关系时，可以将同一整体中有相互联系的几种结构放在一起进行观察、分析。

（5）在分析不同社会经济现象在数量上的依存关系时，可以选择将已进行分组的资料信息和另外的指标结合起来观察。

（6）如果想通过分析影响现状的因素来找出解决办法，就可以在统计分组的基础上，对各组结构相对数进行比较。

（7）要想找出现象由量变到质变的转变规律，可以对不同时间内同一个现象的内部结构进行分析。

管理者可以运用结构分析法来分析自身的业务模式。在企业的业务架构中，一般有四个基本的业务模式，分别为流程反馈模式、业务事件模式、流程评估模式、活动交互模式。一个好的业务模式可以达到事半功倍的效果。

之所以要对企业的业务模式进行结构分析，是因为结构分析法可以让管理者知道同类现象之间存在的本质性差距，了解现象的发展规律和趋势，以及现象之间的依存关系。在对这些问题有了清晰的了解之后，管理者才可以建立起更好的业务模式。通过用结构分析法分析企业现有业务模式中所存在的问题，管理者能够找到打造成功业务模式的可行方法。

7.1.4 平均分析法

平均分析法就是指利用平均指标来比较某一现象在同一时期或不同时期的水平，以反映该现象在特定的时间、条件下某一数量特征的一般水平。对于企业来说，平均指标可以反映出企业在某一时期、某一方面的一般水平。

在管理过程中，管理者需要进行各种平均指标的对比，比如人力资源中职工的平均年龄、平均学习水平、平均工资等的对比；企业生产方面的原材料平均消耗、产品平均成本，以及平均劳动生产率等的对比。需要注意的是，在对不同企业的数据进行比较时，必须使用平均指标，因为平均指标不受现象总体规模大小的影响。

企业在对员工进行考核的过程中，必定要分析员工各方面的工作情况，对员工做出最公正的评价，这时，管理者就可以利用平均分析法，明确每一位员工的工作业绩与员工总体业绩平均值的对比情况，从而据此对员工做出奖励或处罚。

管理者在使用平均分析法时，需要注意以下两点。

（1）要把总平均数和组平均数结合起来分析。这有利于管理者正确认识、评价平均水平受到总体结构的影响。

（2）要将平均指标与变异指标结合到一起进行分析。这有利于管理者对总体结构有一个更全面的认识和评价，从而找到正确的调整措施。平均指标说明现象总体的一般水平，反映集中趋势；变异指标则说明现象总体内部的差异程度，反映离散趋势。

7.1.5 交叉分析法

交叉分析法一般用来分析属性数据。属性数据也被称为类别数据或定型数据，是反映事物属性的数据。属性数据是属性变量的取值，比如把“性别”作为属性变量，其取值就是“男”和“女”；把“人们对事物的态度”作为属性变量，其取值可以是“赞成”“中立”“反对”。

这里需要注意的是，属性变量所取的值是有限的，并且相互之间不能进行加、减、乘、除等数学运算。因为属性变量是一种“变量”，反映的是事物的客观属性。

对属性数据进行分析，有以下 4 个目的。

（1）可以得到汇总的分类数据，即列联表。

（2）可以对属性变量间的关联性统计量进行计算。

（3）可以进行数据的分层分析和建模。

（4）可以检验属性变量的独立性。

交叉分析法能够体现出不同变量之间的联系，能够简化数据间的关系，是管理者对数据进行整理分析时有效的数据分析方法。

7.1.6 漏斗图分析法

漏斗图是管理者进行数据分析时经常用的数据分析工具。通过漏斗图，管理者可以对业务流程中各个环节的数据进行比较，进而迅速发现其中存在的问题。

在统计业务流程方面的数据，尤其是分析企业的用户转化率时，大多数管理者会更倾向于使用漏斗图。因为漏斗图不仅能够展示出一段时间内用户的整体转化率，还可以展示出用户在此期间每一个阶段的转化率。

这里有一点需要注意的是，管理者只凭借单一的漏斗图是无法对某一关键流程每个环节的转化率做出准确评判的。管理者需要在已有关键流程漏斗图的基础上，结合不同业务或不同用户群的漏斗图，运用趋势、比较、细分等方法对转化率进行对比分析，这样就能够准确地发现日常业务中存在的问题。

漏斗图对于周期长、步骤多的业务流程分析是非常有效的。它能够清晰显示出每个环节的转化率，方便管理者根据统计分析的结果准确地找出影响转化率的因素。

7.2 数据分析的工具

团队管理过程中，管理者需要用到一些数据分析工具。数据分析工具多种多样，它们有什么区别？分别有什么优势？哪种数据分析工具最适合自己的工作？这些都是管理者需要思考的问题。主流的数据分析工具主要分为三类，分别是 Excel、BI 工具、R 和 Python 等编程语言。

7.2.1 Excel：最基本的数据分析工具

Excel是管理者进行数据分析时可以使用的最基本的数据分析工具。Excel 可以进行数据处理、统计分析、辅助决策等操作，普遍应用于管理、统计、金融等领域。Excel 的数据分析功能主要包括以下几种，如图 7-1 所示。

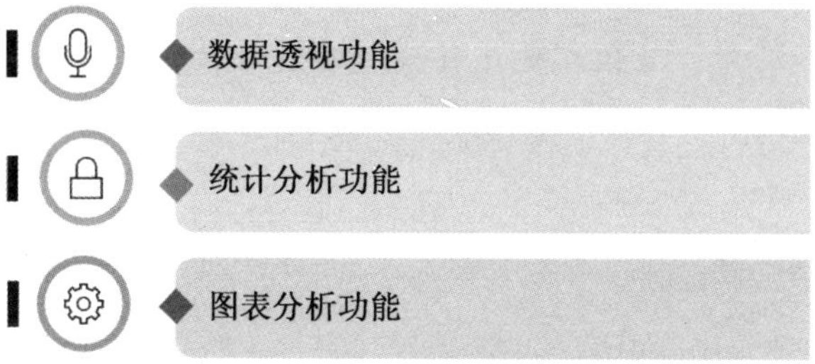

图 7–1　Excel 主要的数据分析功能

1. 数据透视功能

Excel 的数据透视功能能够实现筛选、排序、分类汇总等操作，并能够生成汇总表格。数据透视可以迅速汇总大量数据，而管理者使用数据透视表便可以分析数据，解决一些无法预料的数据问题。

2. 统计分析功能

Excel能够完成数据的统计、分析和处理，功能强大且简单实用。统计分析是数据分析的重要内容，而 Excel 除了能处理大量的工作表，还配备了众多内置函数。

无论是建立表格，还是撰写公式，Excel 都会根据管理者的指令来完成工作。在分析大量数据时，管理者不需要使用多个电子表格，只需要使用 Excel 图表引擎，便可通过直观的图表形式得出分析结果。

Excel 提供专门的数据分析工具，管理者只需为这些数据分析工具提供数据和参数，便会得到相应的结果。数据分析工具库使 Excel

具备了更多的统计分析功能，如描述统计分析、相关与回归分析、时间序列分析、抽样工具等。

3. 图表分析功能

Excel 提供 14 种类型的图表，每种图表类型又细分为若干子图表类型。同时 Excel 还包括 20 种自定义图表类型。常用的图表类型有以下几种。

（1）柱形图：用长条表示数据点的值，可以显示一段时期内数据的变化，也可以显示数据的比较关系。

（2）条形图：强调各数据间的差别。

（3）折线图：用点表示同一系列数值的情况，并用直线将这些点连接起来，能够显示某一时期内数据的变化趋势。

（4）饼图：只能用于同一个数据系列间各数据的比较，能够表明每项数据占该系列数据总和的比例。

Excel 是最基础的数据分析工具，其功能强大且操作简单，适用于大多数的数据分析场景。

7.2.2　BI 工具：为数据分析而生

BI 工具是为数据分析而生的，其目的是缩短从数据分析到决策的时间，并通过数据来影响决策。Excel 除了数据分析，还可以做很多事情，而 BI 工具是专门用于数据分析的。

BI 工具都是按照数据分析流程设计的。其数据分析的流程为先进行数据处理，然后进行数据建模，最后进行数据可视化，用图表来展现问题并得出结果。

数据量很大时，Excel 很难实现数据透视表，同时管理者用 Excel 来显示图形，也需要花费大量时间编辑图表。而 BI 工具可以弥补 Excel 在这些方面的不足。

BI 工具主要分为三种：Tableau、Power BI、FineReport。

1. Tableau

Tableau 的本质是 Excel 的数据透视表和数据透视图，其可视化效果比 Excel 更好。此外，Tableau 还提供数据清洗功能和智能分析功能。这些都是 Tableau 的产品优势。

2. Power BI

Power BI 的优势为其业务模型和数据分析功能，且 Power BI 的数据分析功能极其强大。管理者可以通过 PowerPivot 和 DAX 语言以编写公式的方式进行复杂的数据分析。

3. FineReport

FineReport 的自助服务数据分析十分适合企业用户。只需通过简单的操作，管理者就可以借助 FineReport 设计的各种样式的报告便捷地构建数据决策分析系统。

FineReport 可以连接到各种数据库，能够方便快捷地自定义各种样式，有利于管理者制作周报、月报、季报、年报。其功能包括报告创建、报告管理、数据输入等。此外，FineReport 同样具有可视化功能，提供多样的仪表盘模板和自行开发的可视插件库。

7.2.3 R 和 Python 等编程语言：灵活的数据分析工具

R 和 Python 等编程语言是第三类数据分析工具。尽管 Excel、BI 工具已覆盖了数据分析的大多数应用场景，但它们基本上都是定制化的。而 R 和 Python 等编程语言是不一样的，其强大且灵活，管理者可以编写代码来执行任何操作。那么，R 和 Python 等编程语言可以实现哪些 Excel、BI 工具难以实现的功能？

1. 专业统计分析功能

R 语言擅长统计分析，可以回答以下这些问题，如数据的分布是正态分布、三角分布，还是其他类型的分布？数据是否在可控范围内？不同的数据对结果的影响如何？某个参数发生变化，会带来什么影响？

2. 独立预测分析功能

R 和 Python 等编程语言具有独立预测分析功能，管理者可以借助这个功能预测消费者的行为，如分析消费者会在商店停留多长时间，消费者会花多少钱，等等。这些分析都可以为企业向消费者进行精准推送提供依据。

Excel、BI 工具、R 和 Python 等编程语言存在重叠的功能，同时也可以相互补充。在进行数据分析前，管理者必须先明确自己进行数据分析的目的，从而选择合适的数据分析工具。

7.3 如何开展数据管理工作

数据管理是企业需要关注的重点问题。管理者通过健全的管理机制，将数据管理渗透到员工管理的方方面面，就可以进一步提高员工的工作效率。

在开展数据管理工作时，管理者首先要提高自身数据管理的意识，同时也要让员工对数据管理给予重视。此外，管理者需要健全管理机制、完善管理制度，为数据管理工作提供制度保障。

7.3.1 提高数据管理的意识

管理者必须将数据管理上升到战略的高度上去重视。数据是数据管理的基础，所有的工作资料都汇集成数据，保存在数据库中。

员工通过信息交互系统从后台数据库获取数据，经信息系统处理后得出分析结果，这些查询、分析都需要全面、准确的数据。

数据管理出现问题可能不是因为没有好的系统，而是因为系统没有得到很好的应用。数据的准确性、科学性决定着数据分析结果的正确性。只有科学的管理才能保证数据的准确。管理者需要对数据管理给予足够的重视，只有这样才能够保证数据管理工作不出问题。

开展数据管理工作也离不开员工的参与。所有员工都应该做好各自工作环节的数据管理工作，避免产生垃圾数据、错误数据。同时，员工发现问题时需要及时解决，尽快将错误数据、垃圾数据清除干净，确保数据的正确性和完整性。

信息技术是实现数据管理的手段，信息技术的先进性决定了数据管理的质量，而业务的规范程度决定了数据管理的广度和深度。数据的处理与应用需要信息部门和业务部门的密切合作，这样才能使数据管理得到深化和完善。

7.3.2 健全管理机制，完善管理制度

为更好地开展数据管理工作，管理者必须健全管理机制，完善管理制度，为数据管理提供制度保障。

数据管理工作应有专门的部门负责，因此管理者应成立数据管理领导小组或数据管理部门统一管理、监控数据。各部门也应设立

相应的数据处理岗位。同时，管理者还需要制订《数据管理办法》等规章制度，明确数据管理部门的职责、工作程序、考核标准等，建立数据通报制度，制订信息采集、审核、录入、信息传递等的办法和流程，使数据监管与运用逐步规范。

为保证数据的真实性和有效性，管理者必须把控好数据录入环节，做好以下几个方面的工作，如图 7-2 所示。

图 7–2　保证数据真实性、有效性的要点

1. 提高员工素质

管理者需要对数据录入人员进行工作流程、职责规定等方面的培训，使其明确自己的职责和数据管理标准，同时明确管理软件问题提交、处理、反馈程序。

2. 设计高效的工作流程

管理者要结合实际情况设计工作流程，细化岗位职责，科学连接岗位，以便有效提高数据收集及数据管理的效率。

3. 严把数据录入环节

能够被录入系统的数据一定是规范、安全、通过审核的数据。管理者需要严把数据采集、审核、录入等环节，确保数据的准确性。

4. 建立通报制度

通报制度的建立对于数据管理工作而言是很有必要的。管理者可以采用“一月一通报、一月一考核”的方法，按时通报各部门任务完成情况。同时，在每月例会上，管理者也要让数据管理部门对上月的数据进行汇报，如发现问题需及时制订整改措施。

同时，管理者还要进一步完善数据分析管理办法，实施项目管理制度、信息发布制度等。管理者也需要建立与数据处理相适应的业务配套制度、信息技术安全制度，为数据管理和数据分析提供保障。

◇◇◇ 第八章 ◇◇◇

团队目标数据化，管理更清晰

- 怎样建立团队目标
- 怎样实现团队目标

团队目标是团队成员共同努力的方向，而团队目标数据化能够将复杂的团队目标以数据的形式清晰地展现出来。团队目标数据化有利于加深员工对团队目标的理解，便于其开展工作，同时管理者也能够明确团队目标的进度和完成情况。

8.1 怎样建立团队目标

建立团队目标能够为员工的执行和管理者的管理提供便利，那么，管理者应怎样建立团队目标？有效的团队目标一定是明确的、能够量化的、可实现的、有期限的。

8.1.1 团队目标要明确

明确目标是指将要达成的行为标准采用具体详细的语言进行清晰地阐述，要有具体的指标，不能模糊不清。那么，为什么要明确目标？明确的目标对于企业、对于员工来讲又有什么意义？

哈佛大学曾经做过一个跟踪调查，研究目标这一因素对人生的影响。被跟踪调查的对象是一群各方面条件都旗鼓相当的年轻人。他们被分为四类：没有目标的人、目标模糊的人、短期拥有清晰目标的人、长期拥有清晰目标的人。二十余年后，那些长期拥有清晰目标的人由于一直朝着所定的方向不断奋斗，几乎都成了各自行业的顶尖人士；短期拥有清晰目标的人，其事业也很成功；而目标模糊和没有目标的人却大多都在自己的工作岗位上怨天尤人，没有特别突出的成绩。

从这项调查中我们可以得出结论：一个长远且具体的目标对人生起着重要的指引性作用。管理者应该帮助员工树立长远且明确的目标，这样他们才会有一个准确的方向并坚持走下去。反之，没有目标或目标不明确，员工就不会努力，因为他们不知道为什么要努力，应该怎么努力。

空泛的目标无法给予员工实质性的帮助。比如某终端门店为员工设立的目标是“提升自己的工作能力”，这个目标就很不明确，也无法指导员工的工作。

明确的目标是时间、地点、人物等各方面具体化的行为标准。比如某企业的目标为到该年底（12 月底）完成 1500 万元的销售额，这个目标就是明确的。这个明确的目标可以合理分配给各部门、各员工，可以被具体落实。

很多时候，员工工作不积极，不知道从哪里下手，只是因为他们没有一个明确的目标。因此，管理者必须帮助员工明确目标，以更好地指导员工的工作。

8.1.2 团队目标要量化

帮助员工制订明确的目标只是基本要求，管理者想要衡量员工是否达成目标，还需要将目标量化为可供参考的数据。

如表 8-1 所示，这是某企业量化后的团队目标，这样的目标不仅方便员工执行，也能让管理者在考核时有据可依。

表 8-1　某企业量化后的团队目标

维度	目标转化描述	考核依据
数量	每半个月召开质量协调会议 1 次	会议记录
	每周对关键部门进行质量巡检 3 次	巡检记录
质量	产品质量达标率要在 98%以上	客户评议
	质量管理体系年审复核必须通过	年审记录
时间	出现的任何质量问题，都必须在一周内解决	质量记录
	每月 1 日上交上月质量分析报告	分析报告
损失	因质量造成的损失必须控制在 1000 元以内	财务统计

企业中经常会出现这样一种情况，员工认为自己达到了目标，但是管理者认为员工的目标还未达到。二者产生分歧的原因就在于没有一个具体的、可衡量的数据来为判断目标是否达到提供依据。

大多数目标都能以时间、数量以及质量作为标准进行衡量。有人在华为做过考察，发现华为的工作步骤或动作单元是华为计划部根据不同的工作按照基本流程设定的，每一个工作步骤或者动作单元都设有时间、数量以及质量的衡量标准。

能够用数量衡量的是可直接量化的目标，如产品生产的数量。用质量、时间等来衡量的多是无法直接量化的目标，如客户对员工服务的满意度这个目标，可以通过员工被投诉的次数、员工服务是否及时等来表示。

以企业的考勤统计为例，为考勤统计人员制订工作目标时，可以这样表达：“在 1 小时内成功完成 2000 人的考勤统计，汇总成考核表后上报给行政管理者。”这就是一个完整的工作目标。因为它包含了 3 个完整的量化指标：时间“1 小时内”，数量“2000 人的考勤统计”，质量“汇总成考核表上报行政管理者”。这样一来，考勤统计人员在接收到这个目标的同时，脑海中就能清晰形成对三个“量”的认识，确保执行到位。

管理者在制订目标时，要遵循“能数量化的数量化，不能数量化的质量化”这一原则，避免设置形容模糊、概念不清的目标。当所有的目标都能转化为可以衡量的具体数据时，管理者就能准确地判断员工工作的完成进度和效率，员工对自己的工作完成情况也能了然于心。

8.1.3 团队目标可实现

“主管真的太过分了，定这么高的目标，怎么能达到啊！”许多员工在私底下可能都会有这样的抱怨。管理者在听到这样的抱怨时，第一反应不应该是震怒，去惩罚员工，而应该思考目标是否真的难以达到，因为建立数据目标有一个重要原则——可实现性。

目标的可实现性指的是，管理者在给员工分配目标时，应该综合考虑业务范围、产品种类、成本、员工能力等多方面因素，谨慎地定下符合实际的、员工可以实现的目标，而不是一拍脑门，随意给个目标就让员工去执行。

管理者往往只看重公司效益，在没有评测当前员工能力与实际资源的情况下就按照自己的意愿制订目标，认为员工达不到是他们的能力问题。这样不仅不能鞭策员工，反而会因为目标难以实现而打击他们工作的积极性，让他们产生负面情绪，对工作消极应对。

例如，在一个服装公司中，销售部门的月销售量平均为2100件。但是销售经理为了提高自己的业绩，在没有做任何考虑的情况下，就给员工制订了4000件的月销售目标。这个目标一下达就引起了众多员工的不满。到了月末的时候，销售经理发现部门的销售量不仅没有提高，甚至连平均水平都没有达到。

上述案例中的目标就是不切实际的目标。销售部门月平均销售量为2100件，但这位销售经理一下子就把目标定到了4000件。过高的目标难以对销售人员起到有效的激励作用，取得不好的结果也在意料之中。

因此，尽管管理者掌握着话语权，也需要时时自省所做的决策，聆听员工的意见，认真分析目标的合理性和可实现性，这样制订出的目标才能被员工接受，才能促使员工更有效率地工作。

要制订一个可以实现的目标，管理者应该充分考虑各个方面的实际情况，并在此基础上，多征求员工的意见，让他们参与到目标制订的工作中来。管理者制订出的目标应该既能让员工的工作非常充实，又要符合可实现的原则。

8.1.4 团队目标有期限

在制订目标时，时限性也是管理者必须考虑到的重要方面。时限性指的是制订的目标要有时间限制。比如要求在 2018 年 6 月 30 日之前实现目标，那么 6 月 30 日就是实现期限。对于一个工作目标来说，如果没有明确的时间限制，不仅会影响目标的实现情况，还会影响员工考核的公平性。

没有时限性的目标往往会让管理者和员工对目标产生不同的认识，尤其在工作的轻重缓急方面。例如，一个管理者给员工分配了三项工作，却没有告诉他具体的完成日期。其中有一项工作非常紧迫，需要员工尽快完成，但员工根本不知道。管理者向他要结果的时候，才发现员工没有完成那件最紧迫的事情，而是在做其他不太紧急的工作。

在这个案例中，管理者就没有为工作目标制订一个明确的时间期限，导致员工对工作理解有误，最终也造成了管理者着急、员工委屈的局面。没有时限性的工作目标会影响员工的工作热情和工作积极性。

再比如，2019 年年初，某销售公司管理者给销售部门定下了一个目标：到 2019 年 6 月底，产品的销售数量要达到 10000 件，销售额要达到 2000 万元。在接到这个目标以后，销售部门的经理就带领着自己的员工努力工作，希望能够准时实现目标。

2019 年 7 月初，管理者对 2019 年上半年的销售情况做了总结，发现产品销售量达到了 15000 件，销售额也已经超过了 3000 万元。

如果这名管理者没有给销售部门设定 2019 年 6 月底这个期限，员工就不会有很大的工作动力，他们可能会想：反正也没有期限，那就根本不用着急了。所以，为了避免员工有这样的想法，管理者在制订目标的时候应该加上一个完成期限。

管理者制订有期限的目标，不仅可以给员工一个时间标准，还能适当地给他们施加一些压力。在这种情况下，员工就会发挥自己最大的潜力，尽可能地在规定的期限达到工作目标，为公司创造更多的利益，提高公司的竞争力和影响力。

在设置完成期限时，管理者应该综合考虑目标的难易程度、轻重缓急以及员工能力等多个因素，还应该对完成进度进行定期检查，时刻掌握员工的具体情况。这样管理者不仅可以及时指导员工的工作，还可以根据掌握的情况适当地调整目标期限。

8.2 怎样实现团队目标

确定好目标之后，管理者同样需要重视目标的实现过程。怎样进行工作才能更好地实现目标？这需要管理者提前做好目标的分解工作，让部门、团队及员工的工作能够更加明确。目标分解的方法主要包括以下两种：自下而上法、自上而下法。

8.2.1 自下而上法

自下而上法指的是员工或部门先拟定自己的目标，然后再逐级向上报告，最后汇总成工作目标的方法。目前，自下而上法正在被越来越多的公司采用，主要是因为它具有以下 3 个方面的优势。

1. 可以提高员工的工作责任感

如果是管理者制订的工作目标，员工会认为那是管理者意志的体现，他们只能被动地接受，这会让他们有种被强加的感觉，工作时不情不愿。

而自下而上法首先要征求员工的意见，他们可以自己做主，从而提高了实现目标的主观能动性。通常人们对主动争取的东西有着强烈的责任感，并且愿意对它负责。同样，管理者如果让员工自己制订和分解目标，他们也会对这个目标负责，会尽自己最大的努力去实现。

2. 便于员工管理

工作目标一般都是逐年递增的，而且管理者对现实缺乏准确的认识，所以制订出来的目标难免过高且不切实际。如果把这样的目标分解给员工，员工自然难以达到，也可能会因为这个过难的目标而心生怨言。

在这种情况下，员工会找出非常多的理由，比如产品吸引力不够、人员数量太少、市场竞争太大、销售策略不合理等，给管理者的管理工作带来非常多的麻烦。

所以管理者应让员工制订目标，自己只需审核目标是否合理并提出建议即可。假如员工制订的目标过低，管理者可以提议其向其他员工的目标看齐；若员工制订的目标过高，管理者可以建议他认真分析产品的市场情况及以往的销售情况，重新制订目标。

让员工自己制订目标能使管理者对自己的员工有更加透彻的了解，有利于更好地管理员工，完善管理工作。

3. 通过员工上报的目标，管理者可以更好地了解市场和消费者情况

制订目标不是简单地罗列数字。这个目标不管是由管理者来定，还是由员工自己来定，都必须有科学合理的依据，例如，销售地区的客户数、销售阶段（淡季还是旺季）、市场竞争情况、消费者需求情况、消费者结构等。

由于员工对上述因素是最为了解的，所以他们制订的目标最能反映市场和消费者的真实情况，也能帮助管理者更好地了解市场和

消费者的情况。

既然自下而上法有这么多的优势，那么管理者应该怎样去使用这种方法？这需要管理者掌握以下 4 个步骤，如图 8-1 所示。

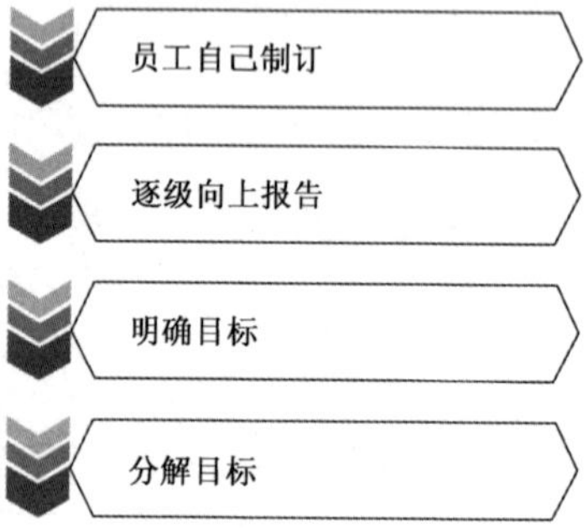

图 8–1　自上而下法制订目标的步骤

1. 员工自己制订

员工根据自己以前的工作量以及目标实现情况，制订出与自己相符的工作目标（包括月度目标、季度目标、年度目标），然后再制订每位客户、每种商品的目标，之后交给自己的直接领导。

2. 逐级向上报告

员工将自己的目标提交给直接领导，直接领导再提交给经理。经理需要对员工提交的目标进行分析，并做一些适当的调整，然后再提交给公司管理者。这样一来，就实现了目标的逐级上报。

3. 明确目标

公司管理者在得到各个部门的工作目标后，要对这些目标进行细致的分析，判断这些目标是否符合公司战略，有没有达到公司总体目标。如果存在偏差，管理者就应该对这些目标进行全面的调整。

4. 分解目标

把最后确定好的目标分解到每个员工身上，签署目标责任书，让员工正式“认领”自己的目标。

在现代的团队管理中，自下而上法已经变得越来越重要，管理者应该加以重视。管理者应该把自下而上法的步骤掌握好，争取制订出更加合理的目标，并把目标更好地分解给每个员工。

8.2.2 自上而下法

自上而下法指的是由管理者制订工作目标，然后再逐级分解给各部门、各团队、各员工的方法。

对于那些不太了解精细化管理的管理者来说，他们在制订目标时，采用的都是相同的路数：首先确定一个目标，然后命令部门经理把目标分解到每个员工身上。但是这样制订目标真的是正确的吗？是，但也不全是。

在制订目标的时候，管理者不仅要考虑公司的现状，还要综合考虑市场、产品、效益、客户等层面。因此，制订目标是一个比较复杂的工作，无论公司规模大小，管理者要做到目标化管理，就应该把上述层面全部考虑进去，实现目标的全面化和体系化。

采用自上而下法制订的目标具体应该怎么分解呢？以某销售公司为例，其自上而下的目标分解主要包括以下 5 个方面。

1. 销售人员的分解

销售部门的目标制订好以后，应该先分解给每个销售区域的销售人员（基本上是一个销售区域安排一名销售人员）。

2. 各级市场的分解

大公司的销售范围非常广，甚至可以遍布全国，这时，目标就要分解到各个省、各个市、各个区。它们各自需要达到多少目标？重点地区、非重点地区分别是哪些？开发多少增量市场？这些都是管理者应该要考虑的。

3. 客户方面的分解

各级的经销商、代理商应该分解多少？老客户的数量增加或减少了多少？增加了多少个新客户？除此之外，管理者还要分析客户的结构：大、中、小客户的数量分别是多少？他们在总量中的占比分别是多少？这些数据是管理者一定要明确的。

4. 产品方面的分解

产品的分解包括很多方面，比如销售情况、销售比例、产品的库存、重点产品及目标额、新产品的铺货率、销售量等。

5. 月/季/年度的分解

管理者设定的目标可能是一个长期的目标，之后还需要将其分解成短期目标。例如，管理者制订了年度目标后，需要把年度目标分解到季度，再进一步将季度目标分解到月度，最后落实到销售部门每一个员工身上。

完成上述分解任务后，管理者就可以把目标分解表交给财务部门，由财务部门计算出实现目标可以获得的利润。如果目标实现后可获得的利润能够达到预期，那么就可以直接进行目标的分解工作了；如果达不到预期，管理者就需要对分解目标进行调整。

自上而下法是一种传统的目标分解方法，相比而言，自下而上法具有更多优势，也更符合现代化管理的潮流。

8.2.3 目标细化，责任到人

完成目标的制订和分解工作以后，为了让目标更加顺利地实现，管理者还应该让每个员工签订目标责任书。

签订目标责任书主要有 5 个方面的作用。

（1）提高每个员工的竞争意识、责任意识。

（2）健全公司的竞争机制。

（3）让员工对自己的目标更加重视。

（4）让员工的大思路与公司保持一致。

（5）将工作目标用书面的形式确定下来，便于管理者对目标执行过程的管理。

表 8-2 是一份目标责任书的模板，管理者在制订目标责任书的时候可以借鉴此模板。

表 8-2　目标责任书

XXXX 公司 2019 年度目标责任书

根据公司的总目标，并综合考虑市场竞争、历史业绩、产品实际情况等多种因素，为了充分调动每个员工的工作积极性，保证公司总目标的顺利实现，在公平、公正、自愿的基础上，特别制订“2019 年度目标责任书”。

一、目标责任人

二、目标任务

三、实现目标的时间期限

2019 年 1 月 1 日—2019 年 12 月 31 日

四、责任人应尽的义务

在签订年度目标责任书以后，责任人应该履行以下几项义务：

1. 把实现工作目标作为未来工作的重心，做好规划，努力工作，尽自己最大的努力去实现目标。公司将不定期进行监督、考核。

2. 做好市场分析，及时向主管领导提交分析报告，为公司战略的制订提供有价值的依据。

3. 严格控制好成本，做到不泄露公司机密、不违背职业道德，切实保障公司的利益。

4. 自愿接受主管领导、公司高层的监督。

续表

5．上班期间，不做与工作无关的事情，不从事本职工作之外的第二职业，不得损害公司的声誉。

6．严格遵守公司的规章制度。

7．严格遵守国家的法律、法规。

五、考核目标的办法

各责任人应该按照工作目标，安排好自己的工作。公司会成立一个或多个考核小组，对各责任人的工作进行考核。

六、奖惩方案

1．奖励的标准

目标的实现情况将作为奖励的依据。100%实现了工作目标，将获得相应的奖励，奖励数额根据个人的销售额和利润来确定。

2．奖励方式

公司提供现金、旅游、股份等多种奖励方式，具体方式由责任人和公司协商决定。

4．对于没有实现目标的责任人，公司要对其进行考核，根据考核结果决定是否对责任人做出处罚。

监督人：　　　　　　　　　　责任人：

年　月　日　　　　　　　　　　年　月　日

这份目标责任书模板是包含奖励措施的，这就在一定程度上起到了激励员工的作用。如果管理者只把工作目标下达给人员，而没有奖励，就会极大地降低他们的积极性。有了奖励的标准，员工就能明确知道自己可以得到的奖励，在实现目标的过程中也会更加有动力。

8.2.4　可视化管理，工作进度清晰可见

在现代化管理中，可视化正在成为一个越来越重要的特征，而

看板是实现可视化的一个重要方式。对于管理者来说，用看板来管理员工，不仅可以清楚地掌握他们的工作进度，还可以知道哪些员工是比较落后的，进而对他们进行有效的指导。所以，管理者必须要掌握看板管理的技巧。

1. 看板管理的魅力

看板管理为什么具有那么大的魅力？它的优点表现在以下几个方面。

（1）传递信息，统一认识

团队的员工都有着自己的想法和见解，管理者可以通过看板来引导员工形成统一的认知，朝着团队目标前进。

（2）刊登业务文章，助员工熟悉业务

看板上可以刊登一些有助于提高员工业务能力、增强员工责任意识的文章，这有利于团队整体技能的提高。特别是对于新员工来说，当业务上有不懂的问题又找不到人帮忙时，他们可以通过看板上刊登的内容熟悉业务，明确工作要求。

（3）奖优罚劣，营造氛围

团队员工的工作业绩可以通过看板展示出来，能起到激励的作用。以业绩作为衡量标准，让考核制度更为公平、公正。看板既可有效避免考核过程中出现认知偏差，又可让员工体验到绩效考核的公平性，从而更加积极地参与到竞争当中。

（4）强势宣传和引导，形成意识

在看板上宣传优秀员工的优秀业绩，或者对表现极差的员工进行批评，都能强化员工的竞争意识，起到引导作用。同时，看板中展现的团队某些方面改善的情况，能让参与的员工获得成就感，还能让其他员工学到优秀的方法与技巧。

（5）明确状况，推进工作

在看板上展示出的工作数据、计划等内容，能更好地让管理者掌握工作进程，及时做出调整决策。而看板上公布的计划书也在时刻鞭策着员工努力工作，强化了员工的责任心。

2. 如何实施看板管理

管理者想要实现看板的可视化管理，就应该做好以下三项工作。

（1）在建立看板的时候，一定要保证它可以最大限度地发挥可视化作用。

（2）在使用看板之前，要考虑到可能出现的问题，在使用过程中尽量规避这些问题。如果问题出现了，要积极地进行整改。

（3）要保证看板可以及时反馈员工的工作进度。

为了保证看板可视化作用最大限度地发挥出来，管理者必须要注意以下四点。

第一，把看板放在一个非常显著的位置。

第二，在给看板布局的时候，要保证其合理性。

第三，看板中的内容一定要醒目，要让自己和员工都能看清。

第四，做好看板的内容设计，把最重要的内容展示在上面。

看板上需要展示哪些重要内容？一般情况下，部门使用的看板应该包含以下内容：企业愿景、年度目标、月度目标、每月业绩、每周业绩等。如果管理者想通过看板为员工设立榜样，还可以设立周业绩之星、月业绩之星，并把他们的信息和业绩展示出来。

同时，管理者也可以把团队中每一个员工的目标以及进度用看板的方式展示出来，然后把这个看板摆在最显眼的地方，让所有的员工都可以看到。这样一来，通过自己业绩与其他员工业绩的对比，员工就可以意识到自己的优势与不足。

8.2.5 月初紧，月中检，月末冲，目标实现不拖延

无论制订目标，还是分解目标，都不是最终的目的。最终的目的是顺利实现目标。管理者有义务也有责任去帮助和督促员工去实现目标。

以月度目标为例，在目标实现的过程中，有三个非常重要的时期，分别是月初、月中、月末。针对不同的时期，管理者需要做不同的工作、把握不同的重点。通常情况下，应做到：月初紧、月中检、月末冲。

1. 月初紧：前 10 天要达到 50%的月度目标

管理者不仅需要分解目标，还需要把目标执行的过程管理好，特别是月初这一执行关键期。

我们做任何事情都希望尽快取得成果，工作也是如此。所以，管理者应该在月初的时候让员工争取做到目标的“开门红”。那么管理者应该如何让员工做到“开门红”？可以从以下几个方面着手，如图 8-2 所示。

图 8–2　管理者在月初提高员工业绩的 5 个方面

（1）增强员工的自信

有很多员工非常不自信，既对自己没有信心，也对产品没有信心。在这种情况下，他们又怎么能做好工作、提高业绩呢？

这时，管理者要尽力去提高员工的信心，改变他们的观念和心态。管理者可以多找员工谈话，了解他们的想法，在谈话的过程中，多和他们讲一些经典案例。慢慢地，他们的自信心就会有一定的增强，也就更能把工作做好，实现“开门红”。

（2）提高自己的管理能力

“一个狮子带领的团队要优于一只绵羊带领的团队”，管理者的能力必须达到一定水平才可以培养出有能力的员工。管理者必须正确认识自己，并在此基础上提高自己，为员工树立良好的榜样，激发员工工作的积极性。

（3）调整团队氛围和员工的心态

万事开头难，在任务的最初阶段，员工可能会有比较大的压力，如果心态调整不好，就会影响目标的实现。如果员工在月初的业绩比较差，管理者不要太苛责他们，而要以鼓励为主。

管理者可以在月初举办一些团队活动，比如组织户外旅游、运动比赛等，为员工减压。适当的放松能够让员工以更好的状态投入到工作中。

（4）调整团队的人员分配

在新的一个月开始的时候，管理者应该根据上个月目标实现情况，调整团队的人员。比如某个员工的工作能力较弱，管理者就可以安排一个工作能力较强的员工和他组队。同时，管理者也可以根据不同员工的性格特征、工作特长等，为其安排合适的合作伙伴，这能够使员工之间做到优势互补，更好地实现月度目标。

（5）为他们提供更多的学习机会

管理者为员工提供更多的学习机会，能提高员工的工作能力，促使他们提高自己的工作效率，从而顺利实现月度目标。

例如，管理者可以在月初的时候召开一个交流会，为员工之间的沟通交流提供机会。管理者可以让经验丰富的老员工讲解他们的工作经验，同时也可以让经验欠缺的新员工提出他们的问题，这就可以让新员工学习到更多的知识和技巧，为这个月的工作打下良好的基础。

管理者应该把握好月初这一个关键期，从各种方面助力员工在月初实现 50%的月目标。

2. 月中检：检验工作，督促后进者

很多管理者认为，只要结果好就行，过程不重要。他们觉得自己没有精力和时间去管理过程，索性只看结果。这种想法是不正确

的。一些管理者既注重结果，又注重过程，他们认为“过程做得好，结果自然不会差”，这才是正确的做法。

如果管理者想要每个员工都跟上企业的节拍，那就不能只要结果，还得重视员工工作的过程。管理者需要不定时检查员工的工作，加强对员工的监督，以此来保证团队的整体进步。管理者在月中的工作就是检验员工的工作，督促后进者。

月中也就是意味着这个月已经过去一半了。到这个阶段，管理者需要对员工的目标实现情况进行了解，看看他们有没有实现月初那 50%的月度目标，到月末的时候可不可以顺利实现月度目标。

在这个过程中，管理者可能会发现有些员工的业绩非常差，按照这个进度是一定实现不了目标的。要注意的是，无论他们上半个月的业绩有多差，管理者也不能随便改变已经确定下来的目标，只能采取一些措施来督促他们。

管理者要分析员工业绩差的原因，根据具体的原因帮助员工解决问题。员工工作业绩差的原因一般有三个。

第一，员工的工作方法存在问题。一些员工工作业绩差并不是因为他们工作不努力，而是因为他们没有用对方法。管理者要认真分析员工的工作方法，指出他们工作中存在的问题，提高他们的工作效率。

第二，员工的工作遇到了困难。在工作过程中，各种外在因素的变化可能会对员工的工作造成阻碍，这是影响员工工作的客观因素。对于员工工作中遇到的困难，管理者一定要及时帮助他们解决问题，避免这些不利的外在因素对他们的工作造成更大的影响。

第三，员工工作不积极。员工的工作态度有问题也会导致他们的目标难以实现。对于这种情况，管理者有必要对消极懈怠的员工进行适当的惩罚。惩罚可以有以下三种方式，如图 8-3 所示。

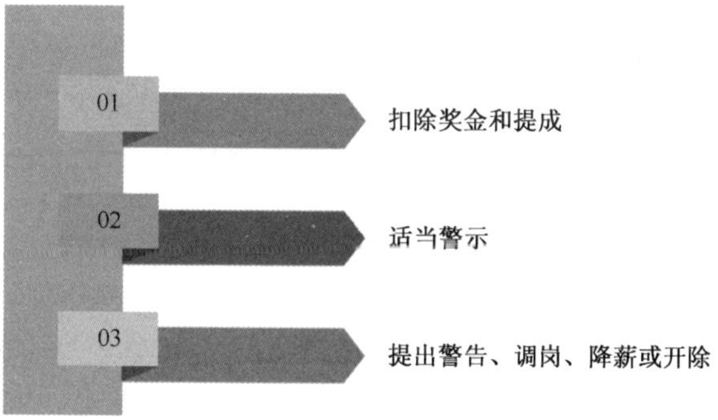

图 8-3　管理者惩罚员工的方式

（1）扣除奖金和提成

如果员工不好好工作，最后肯定达不到工作目标，那他们就拿不到提成和奖金，这是对他们的一种惩罚。

（2）适当警示

管理者可以让消极懈怠的员工做俯卧撑、仰卧起坐等，以适当警示他们。需要注意的是，采用这种方式要注意尺度的把握，不能采取太重的方式，以免对员工的身心造成伤害。管理者采取的警示措施不能让员工产生太多的对立情绪，要能促使他们尽快努力工作。

（3）提出警告、调岗、降薪或开除

对于工作懈怠的员工，管理者需要对他们提出警告，如果几次警告以后，他们还不能认真对待工作，这就说明他们的工作态度有问题，管理者可以采取调换岗位、降薪或开除的方式。

其实，比起那些优秀的员工，这些后进者才是管理者在月中管理时需要重点关注的对象。这些员工通常实现不了月初那 50%的目标，所以为了保证给他们能顺利实现月度目标，在月中的时候，管理者一定要拿出一些措施来督促他们。

除了上面提到的几种措施，管理者还可以让这些后进员工总结自己失败的原因，以避免在未来的工作中出现同样的问题。此外，管理者也要多开会，让员工在会中互相交流经验、传授技巧。

3. 月末冲：月底总动员，向月度目标冲刺

“到月末了，大家冲一把吧。”这是大多数管理者惯用的说辞。但这句话起不了太大的作用。月末是实现目标的过程中非常重要的一个阶段，管理者一定要重视。

月末是员工创造奇迹的时候，许多员工都在铆足了劲全力冲刺。这个时候，管理者就要帮助他们发挥出最大的工作潜力。

在月末这个阶段，一些员工由于目标实现得不顺利或者离月度

目标差距比较大，逐渐产生消极情绪，导致工作没有动力。在这种情况下，管理者就需要多激励员工，为他们“治疗”这种不好的想法和情绪。

“治疗”消极情绪最好的办法就是提高士气，为他们加油鼓劲。为了达到良好的效果，管理者需要给予员工必要的奖励，比如员工业绩达标后可以获得免费旅游机会和现金奖励等。员工受到奖励的刺激会变得更有动力。

所有员工都喜欢被夸奖、被表扬，这能够提高其自信心，所以，如果想让员工在月末冲刺达标，管理者就要多夸奖、多表扬他们。

在月末的时候，管理者可以对员工说：“上半个月，大家的工作做得非常不错，表现也非常棒。现在已经是月末了，希望大家继续保持，相信大家一定可以顺利实现目标。”听到这样的话，员工就会觉得自己是被信任的，工作起来也会更加努力。

◇◇◇ 第九章 ◇◇◇

量化管理，别让开会成为例行公事

- 日会、周会、月会、年会，各有各的任务
- 开好协调会议，团队分歧早解决

员工是团队的主体，为了让团队得到更好的发展，管理者必须让员工了解团队的动向，而召开会议是让员工了解团队动向以及其他重大事件的一个重要途径。

召开会议时，管理者可以通过数据化的方式展现工作情况，以使会议主题清晰明确，便于员工理解。管理者可以依托数据分析召开日会、周会、月会和年会，以数据开会、以数据分配任务、以数据总结工作成果，这样才能够较好地把控任务的分配和管理，也才能够更加清晰地明确目标是否实现。

9.1 日会、周会、月会、年会，各有各的任务

为使目标顺利实现、提高员工工作效率，管理者一定要学会通过各种会议对工作任务进行分配、对员工工作进行管理。日会、周会、月会、年会都是常用的会议类型，每种会议都有各自的任务，利用好这些会议，管理者就能够更好地管理员工，最终实现目标。

9.1.1 日会：安排一天的工作量

日会的主要作用就是明确员工一天的工作内容和工作量。日会的时间不宜超过 15 分钟，它是用来检视、制订每日计划，以帮助员工更好地完成工作的短小会议。

日会又可以细分为晨会和夕会。管理者可以通过晨会明确员工一天的工作量，也可以通过夕会检验员工已完成的工作量，并了解员工在工作中遇到的问题，以明确员工下一步的工作。

1. 晨会：明确必做工作

召开晨会对于管理者为员工安排一天的工作而言是十分重要的。通过晨会的安排，员工能够对自己的工作有更清晰、明确的认知。

虽然很多管理者都喜欢召开晨会，但其中不免会存在一些问题，最常见的就是晨会流于形式。

一些管理者召开晨会只停留在单向沟通的层面上，没有和员工进行双向的交流，或者只是简单地安排一下当天的工作，而没有提出对工作的明确要求。这样的做法难以发挥晨会的作用。究其原因，可能有以下 3 点。

（1）有些管理者虽然召开晨会，但没有对晨会的形式、内容等做出要求。

（2）有些管理者组织召开的晨会缺乏双向性，以为布置好当天的工作就可以了，会上缺少和员工的沟通交流，久而久之，员工就会失去积极性，进而影响工作效率。

（3）有些管理者虽然意识到了晨会的重要性，但却没有抓住召开晨会的核心目的。

由此可见，管理者必须针对自身的情况，制订出一个可行的晨会管理制度。在晨会上，管理者要多鼓舞团队员工，而非批评或处罚员工。因为在一天的开始，拥有一个良好的心态将会对当天工作有很大的帮助，而坏心情将不可避免地对员工当天的工作产生不良影响。所以在晨会上，管理者应该以激励为一日的开始，调动起员工工作的积极性。

开晨会时，最重要的是明确当天的必做工作。在员工正式开始工作前制订一个任务完成计划是非常关键的，因为计划可以让员工明确努力的目标，促使员工更加积极地工作，对加快团队目标的实现也是非常有帮助的。

关于晨会，管理者必须清楚其是为了什么而召开的。晨会的目的主要有两个：一是激励员工，让员工可以以一种良好的工作状态去迎接工作；二是部署当天的工作重点，明确当天的必做工作，确保团队的每个员工都知悉。

2. 夕会：检验工作，明确下一步做法

既然有晨会制度，那么相对应地就会有夕会制度。夕会就是在结束一天的工作后召开的工作会议。晨会的主要目的是部署工作，明确员工当天必做的工作，而夕会的目的则是检验员工当天的工作，了解他们工作中可能遇到的问题。

员工在工作中会不可避免地遇到一些问题，这说明他们工作的某个环节必定存在着一些错误，这是需要管理者及时纠正的。如果管理者发现问题不及时，就可能对以后的工作产生更大的影响。

这就显示了召开夕会的必要性。在夕会上，管理者除了要检验员工当天完成的工作是否达到晨会上所要求的，还应该听员工汇报当天工作过程中遇到的问题，并及时给予帮助和反馈。

此外，夕会上的工作量检验也有利于团队建立起目标承诺兑现的文化氛围。夕会上的问题反馈总结，能让团队员工互相学习经验

教训，增强团队间的沟通交流。

9.1.2 周会：分配小组任务

召开周会是管理者管理团队的一个途径，它具有总结计划、过程监控等作用，对管理者进行管理工作有着不可或缺的重要性。合理地召开周会能够有效提高员工的工作效率。

但是，有些管理者组织的周会却很糟糕。比如有些周会上，几乎全由管理者发言，员工很少有机会阐述自己对工作的意见与建议；有些周会属于流水账式开会，即由管理者宣布会议开始后，每个员工按照既定的顺序发表讲话，全部讲完后，会议就结束了；还有些周会则属于聊天式开会，大家随意说一通，到会议结束的时间就各自散去，完全缺乏组织性。

那怎么样的周会才算开得好呢？管理者在组织周会时，需要注意以下两个问题。

1. 周会时间点的选择

要召开一个会议，时间点的选择是十分关键的。在一个恰当的时间点召开会议有利于提高会议效率，加强会议效果，周会也不例外。

管理者可以将周会设置在每周工作日开始或结束的当天。因为在一周的起始日召开会议，可以将刚经过周末休假的员工拉回到工作状态，调动他们的工作积极性，同时也可以在会上布置这一周要完成的工作，让员工有所准备；而在一周工作日的最后一天召开会议，则可以对这一周的工作情况做一个总结，也可以为下一周工作做计划。

2. 周工作量环比考核

所谓环比，就是本期的统计数据与上期的统计数据之比，比如将2019年10月份的统计数据与2019年9月份的统计数据相比较。

而周工作量环比考核就是指将团队员工本周的工作量与上周的工作量以数据的形式进行比较，从而对员工的工作完成量做出考核评价。

在周会上，管理者要对员工的周工作量进行环比考核，借此对员工连续两周的工作完成情况做出评价，这有利于提升员工工作任务完成的质量与速度。

只有将工作完成量以数据形式呈现出来，员工才会比较容易产生工作实感，更加清楚地了解自己这两周的工作完成情况，间接推动团队每周业务量的增长。

周工作量的环比考核指标包含两个方面：一为环比增长率，反映本期比上期增长了多少，放在周工作量的计算中，就是指本周的工作量比上周的工作量增长或下降了多少；二为环比发展速度，一般是指报告期水平与前一时期（相邻两个时期）的水平进行对比所得到的动态相对数，是用来表明逐期发展变动程度的，放在周工作量的计算中，可以理解为连续两周的工作量增长或下降的程度。

管理者对员工的周工作量进行环比考核，可以让员工反思自己在近阶段的工作表现。若是周工作量呈现增长趋势，就说明员工近阶段的工作状态良好，应该继续保持下去；若是呈现下降趋势，则说明员工近阶段的工作效率有些低下，需要调整好工作状态，继续努力，以便在下一周的工作量环比考核中得到提高和改善。

9.1.3　月会：高效工作的秘诀

如果说管理者召开周会是提高每周工作效率的重要方法，那么月会的召开则是让员工工作量翻倍的“引擎”。在月会上，管理者应该对员工的每周业绩进行分析，对员工的月工作量进行数据分析，还应该针对员工工作的情况进行奖惩，并根据本月业绩的完成情况对下月的业绩考核指标做出修订。

1. 每周业绩图分析

一个月以“周”为单位来算的话就是四周。对员工当月四周所完成的业绩做一个精准的统计后，管理者需要在月会上将其以图表的形式展现给全体员工。

针对每个行业的不同情况，管理者可以制作相对应的每周业绩图，比如可以针对所有员工的每周业绩做一个总体的统计图，也可以为每一个员工的每周业绩做具体的统计图。

统计图的类型是多种多样的，比如条形图、饼图、折线图等。不同的统计图可以反映不同的数据情况与结果，管理者可以根据想要得到的分析结果来选择合适的图表类型。

制作员工每周业绩图是为了通过观察图上所展现的数据，对当月业绩完成情况进行分析，从而对员工工作完成情况进行反馈。若是图中数据显示为未达标，则说明员工当月的业绩完成不佳，需要调整工作状态；若是图中数据显示为达标或超额完成，则说明员工该月的工作状态良好，应该继续保持。

管理者统计当月每周业绩情况，并且以图的形式展现给员工，有利于明确员工该月每周业绩的增长或减少趋势，让员工更加直观地了解到该月业绩情况的动态发展趋向，以便为下一个月制订合理的任务目标。

2. 月工作量数据分析

管理者想不断提升自身产品的销量，必然离不开数据分析。所谓数据分析，就是指用恰当的统计分析方法对收集的数据加以汇总、分析，让数据发挥出应有的价值。

实际上，月工作量的数据分析与每周业绩情况的分析类似。月工作量的数据分析可以使用 Excel 电子表格中的数据透视表来完成。

只拥有数据统计、分析的工具远远不够，管理者在做数据分析的时候，还必须明确其分析的内容与目的：内容就是员工的月工作量，目的则是通过最终的数据结果来观察员工每月业绩完成情况，看其是否有消极怠惰或其他问题出现。

在确定数据分析的内容以后，管理者就需要进行数据的采集和处理了。在这一过程中，管理者必须保证数据的准确性，即员工上报的月工作量必须真实有效，做数据处理时不能随意更改。只有保证数据的准确性，才能保证最后分析的结果准确且有针对性。

管理者对员工的月工作量进行数据分析，不仅可以对员工的业绩完成情况做出评价，还可以将员工月工作量分析情况保留下来，做一个纵向的对比，为下一个阶段的工作制订合理的规划和目标提供依据。

3. 下月业绩考核修订

业绩考核利用定性、定量的方法对团队员工的实际工作成果或贡献进行科学的考核和评价。而对员工每月的业绩进行考核，就是以“月”为一个周期来考评员工的工作表现与工作成果。

进行业绩考核的目的是以考核的方式提高团队中每一位员工的工作效率，进而为团队谋求更多的收益，具体体现在产品销售量的增长上。为了达成这一目的，管理者需要做大量的准备工作以支撑这一考核制度的顺利执行。

而且，针对团队所处的不同时期和面临的不同问题，原定的业绩考核制度可能需要进行相应的修订，以便更好地应用于业绩考评工作中，改善团队的反馈机能，激励员工不断提升业绩，进而使得团队产品的销售量呈增长趋势。

而所谓修订，就是指修改订正，它是有标准可循的，而非无视实际情况，胡乱地、盲目地修改。管理者在修订业绩考核制度的过程中，必须保证修订完成的业绩考核制度在实际执行时遵循以下 5 个原则。

1. 公平原则

公平是对员工进行业绩考核的前提。只有保证考核制度的公平性，才能真正发挥业绩考核对于员工个人和团队整体的积极作用。

2. 严格原则

业绩考核制度不能流于形式，要有明确的考核标准和严格的流程执行规定。

3. 结合奖惩原则

在业绩考核制度中，应该结合奖惩，比如业绩与工资、奖金关联，以这种与物质利益相结合的方式来激励员工提升业绩。

4. 反馈原则

执行业绩考核制度，一定要把最终的考评结果反馈给被考评员工本人，肯定其业绩成果的同时指明其存在的不足，形成与员工之间的一种双向交流，否则对员工进行业绩考核就失去了意义。

5. 差别原则

业绩考核的标准应有明确的差别界限，即对于不同员工的不同工作业绩，要划定一个鲜明的层级范围。比如针对不同的业绩成果，设定不同的奖金额度，让员工有标准可对照。

一个月的时间为员工的业绩考核提供了更多的数据，也为管理者发现业绩考核制度的不足提供了机会，管理者可以对下月的业绩考核标准做出相应的修订。

总之，在月会上，管理者要做的工作是很多的，既需要分析每个员工一个月的业绩完成情况，还要根据完成情况来分析员工自身的缺陷和面临的问题。管理者通过月会可以让员工了解工作进展，看到自己的成就，激发其工作的积极性，从而提高员工工作效率。

9.1.4 年会：回顾与展望

年会在管理者的管理工作中也是十分重要的。在年会上，管理者既需要带领员工总结回顾刚刚过去一年的全部工作，又需要带领员工展望未来一年的工作方向和目标。年会的两大主题就是回顾与展望。

那么，在实际操作中，管理者如何举办好一场年会，如何做好工作的回顾与展望呢？在举办年会时，管理者需要做好以下几个方面的工作，如图 9-1 所示。

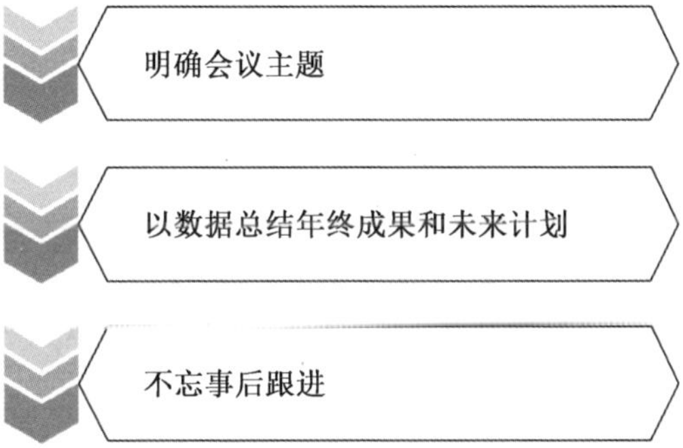

图 9–1　开好年会的要点

1. 明确会议主题

首先，管理者必须明确会议的主题，虽说已经确定了回顾与展望这两个大方向，但管理者仍需要明确其中的小主题。如果主题不明，那么会议上所有的讨论都是浪费时间。

好的会议主题一定要聚焦，不能泛泛而谈。聚焦就是在一件具体的事情上进行讨论。那什么叫泛泛而谈？“公司 5 年战略规划”这种主题不会通过一次会议就得出答案，这样的主题就是泛泛的。

那么如何解决这个问题？办法就是拆分，即把这些大主题拆分成明确的小主题，然后再针对小主题进行讨论。

在对一个个小主题展开讨论的过程中，管理者的工作就是倾听。管理者要取舍、评估、做决定，而不是绞尽脑汁想办法。管理者要关注的是结果而不是过程。

管理者不要事必躬亲，而要大胆放权，将讨论权交给员工，这样既节省了管理者的时间，也能让员工更自由地讨论，两全其美。

2. 以数据总结年终成果和未来计划

在召开年会的过程中，管理者同样要学会利用数据，用数据说话能够使会议更加科学。在总结公司一年的工作时，管理者需要用数据表示出公司这一年的工作成果，并将这个工作成果和原本的计划目标做对比，明确是否完成目标。同时，管理者也需要将这个工作成果同公司历年的工作成果做对比，以明确本年度企业工作量及收益的增长情况等。

同时，管理者还需要对每个部门的年终工作进行数据分析，以便从中发现一些部门中可能存在的问题。对于工作完成情况良好的部门、团队和员工，管理者要予以适当的奖励；而对于工作完成较差的部门、团队和员工，管理者也需要进行适当的处罚。

此外，在展望未来一年的工作时，管理者也需要以数据的形式明确公司、部门、团队的工作目标和工作计划。

3. 不忘事后跟进

让年会充分发挥作用的重要一点就是做好事后跟进。在年会上，管理者可能会发现一些员工工作中的问题，或者员工会反馈一些问题。这些问题很多都不是在会议上就能够解决的，需要管理者做好解决问题的工作安排。

针对这些问题，管理者可能已经在年会上做出了相关部署，但是仍要做好记录，哪些问题需要被解决、由谁解决、何时能够解决等。会议上反馈出来的问题以及未能解决的问题等都需要管理者持续跟进，确保问题被解决。

9.2 开好协调会议，团队分歧早解决

协调会议就是由管理者召集团队员工召开的会议，主要用于解决个体无法解决、需要团队整体共同协调的问题。简言之，协调会议就是为了专门解决工作中出现的某一特定问题而召开的会议。对于一个团队来说，召开协调会议有利于强化团队的凝聚力。

9.2.1 协调撞单尴尬

在工作中，员工之间可能会出现撞单的情况。撞单是指两名员

工同时争抢一个客户的情况。

对于这种撞单情况，管理者该怎么处理？管理者需要召开相应的协调会议，解决这一问题，避免因为员工之间不愉快而造成团队内部不和谐的现象。

通过召开协调会议，管理者应该制订出专门的撞单判定标准和问题发生时的协调技巧，让员工有标准可循，有方法可应对。以下为管理者提供了可以借鉴的 3 种撞单协调技巧。

（1）在正式成单前，若发现 A、B 两名业务人员都接待了同一名客户，而该名客户认可其中一名业务人员（前提是两名业务人员没有恶意抢单的行为），那么就由该名业务人员继续跟进这名客户，给另一名业务人员补接其他的客户。

（2）在正式成单前，若是 A、B 两名业务人员都按照正常接待顺序接待了客户，但 A 业务人员跟进该名客户的时间更长、付出更多，则由 A 业务人员继续跟进该名客户。

（3）如果一名老客户给 A 业务人员带来了一名新客户，但是接洽后发现该新客户是 B 业务人员负责的客户，那么 A 业务人员应放弃对该新客户的跟进，由 B 业务人员继续跟进。

在团队中，撞单是难免的。为了顺利解决撞单问题，管理者需要召开协调会议来分析每个员工的工作，以便确定客户接下来的工作由哪位员工负责。协调会议能够有效化解员工撞单的尴尬，也能更公平地解决撞单问题，使员工更好地开展接下来的工作。

9.2.2 协调分配比例

有时团队员工之间会互相合作，共同负责一名客户，或者因为发生了撞单现象，两人在一段时间内同时接待一名客户。这两种情况都涉及合作开单的业绩如何分配的问题。

业绩的分配一旦混乱，不公平问题就会“滋生”，不利于团队整体力量的凝聚。为了应对这一问题，管理者应该量身打造一套合作开单业绩分配方法，以下4种合作开单业绩分配方法可供管理者借鉴。

（1）如果客户第二次来访时，不记得首次接待自己的业务人员，而由另外一名业务人员接待并且成功开单，这一过程都是按照正常的程序进行的，则可以设定两名接待人员的业绩按照三七比例分配，即首次接待的业务人员的业绩占 30%，第二次接待并成功开单的业务人员的业绩占 70%。

（2）如果客户是一群人，比如全家人同时来访，由两名业务人员分别接待、合作开单，则其业绩分配比例可以设定为五五，即两名业务人员各占 50%。

（3）如果老客户携带一名新客户来找原接待的业务人员，但他不在，公司安排另一名业务人员代为接待，并且在当天成功开单，则两名业务人员的业绩分配比例可设定为三七，即原接待人员占

30%，代接待人员占 70%。

（4）如果原接待的业务人员在就要成单时，因突发情况而找另外一名业务人员帮忙，这种情况下，帮忙的业务人员不予分配该单业绩，该单业绩全部属于原接待的业务人员。

合理分配团队内员工的业绩有利于减少因业绩分配不公平而引发的团队员工间的争执和冲突。管理者也可以把统计的具体业绩数据展示给员工，让团队内部形成一定的良性竞争。

9.2.3 协调客户优先次序

对于团队来说，客户是非常关键的，没有客户，团队就无法继续生存。但是客户类型多样，如何才能抓住那些对团队有利的客户，就要看管理者是否拥有协调客户优先次序的技巧。

协调客户的优先次序涉及给客户分级的问题。要想协调客户优先次序，管理者首先应该对客户进行分级，科学划分团队的客户群。

给客户分级是因为不同的客户能带来的价值不同，即不同的客户能为团队创造不同的收益。比如，国外曾有一份关于食品消费的统计数据：在蛋糕品类中，蛋糕消费总量的 62%由 16%的客户产生；在速溶咖啡种类中，速溶咖啡消费总量的 79%由 17%的客户产生；在啤酒种类中，啤酒消费总量的 81%由 23%的客户产生。

由此可见，如果将蛋糕、速溶咖啡、啤酒看成产品总量，大概有20%的客户产生了近80%的销售量，其余80%的客户只产生了20%的销售量，这就是著名的帕累托定律，也被称为“二八法则”。

对于团队来说，帕累托定律同样适用。团队 80%的收益来自那20%对团队具有高度价值的客户。而这 20%的客户也就是重量级客户，是团队应该放在首位并重点跟进的对象。剩下的那 80%的客户与之比较，也就相对地成为轻量级客户。

这一定律对客户的分级起着尤为重要的作用。按照未来成交达成的时间，管理者可以将客户自上而下依次分成 A、B、C、D 四个等级。

A 级客户：有机会在 3 个月内成交。

B 级客户：有机会在 4~6 个月成交。

C 级客户：有机会在 7~12 个月成交。

D 级客户：无法在 12 个月内成交。

依据这一划分标准，管理者可以判断出哪些是重要客户，哪些是非重要客户，在客户的跟进上做出相应的次序协调，将重要客户放在跟进首位，非重要客户放在其次。但是就算是非重要客户，管理者也不能完全放弃跟进，因为他们可能是未来的潜在客户。管理者对客户进行分级，协调客户的优先次序，是为了让团队能够最大化地获取收益。

9.2.4 协调人员更换

通常，业务人员一旦负责了一名客户，就需要对该名客户进行长期的跟进，如果跟进业务忽然中断，事情的处理会变得相对复杂起来。

然而，跟进业务中断的情况还是存在的。此前的跟进人员可能会因为一些原因不能继续做该名客户的跟进工作。而为了避免跟进中断对客户产生不良影响，管理者就需要通过协调会议来安排替换的跟进人员，确保此前跟进的员工和被委托交接的员工做好跟进任务的交接工作。

在换人跟进这一过程中，如何才能做好任务的交接？客户能否适应跟进人员的更换？其他人是否愿意代为跟进？这些都是值得管理者考虑的问题。管理者一定要注意两个方面：一是客户方面，二是被委托交接的人员方面。

就客户方面来说，因为一直由同一人跟进，客户可能已经适应了这名跟进人员的跟进方式，所以如果由于某些特殊原因跟进业务需要临时换人，管理者一定要及时告知客户，向其告知更换业务跟进人员的原因，以及更换人员的姓名等相关信息，让客户了解清楚，而不至于处于一无所知的尴尬境地，否则可能会引起客户的不满，从而导致客户的丢失。

就被委托交接的人员来说，因为其可能有自己正在跟进的业务，所以管理者一定要提前问清楚被委托人员是否有充裕的时间可以同时跟进多个客户，否则可能会给被委托人员造成不必要的麻烦。

如果被委托人员愿意代为跟进，管理者一定要告知他要跟进业务的客户情况，比如姓名、联系方式、目前业务进展情况，以及未来的跟进计划和所要达成的目标等。

管理者掌握人员更换的技巧尤为重要，因为只有这样，跟进业务才能顺利地进行下去。跟进业务交接顺利可以避免团队丢失客户，损失收益。同时，跟进业务交接也能够促使员工之间相互帮助，有利于整个团队凝聚力的增强。

第十章

绩效考核：科学考核员工，找到真正适合公司的人

- 找对方法，考核才是动力
- 赏与罚都是考核重点

绩效考核是管理者管理员工的重要手段。科学的绩效考核方案能够准确地评判员工的工作表现，为管理者管理员工提供依据，帮助管理者找到真正适合公司的人。

在对员工进行绩效考核时，为保证考核的科学性，管理者必须采用正确的考核方法。同时，赏与罚都是管理者进行绩效考核的重点内容，在考核结果的应用方面，管理者必须做到赏罚分明。

10.1 找对方法，考核才是动力

合理的考核方案是员工工作动力的保障，在对员工进行绩效考核时，管理者必须找对方法。对于管理者而言，考核的方法有很多，但是适合自己的才是最好的。

10.1.1 目标考核法

目标考核法由美国管理学家彼得·德鲁克提出，是一种以目标为导向、以成果为标准的管理方法。目标考核法作为一种成熟的绩效考核方法，被诸多企业广泛接受和运用。

在彼得·德鲁克看来，公司的任务被转化为目标才能有效地避免内耗。不论公司规模如何，不论任务大小，管理者都要认识到目标的重要性。

目标考核法非常强调员工的参与，因此，管理层在制订公司的整体目标与战略时，要注意覆盖到公司所有部门与人员。在制订目标的过程中，管理层应与员工充分地沟通，达成共识后再由管理层制订公司的总目标。

在制订好公司总目标后，管理者还需要将总目标分解，再由各个部门进行具体落实。在分配目标时，各部门之间需要协商，接到目标后再根据自身情况进行调整和细化。各部门内的目标分配也需要员工的参与。在员工统一讨论后，管理者完成目标的最终分配，并且向员工发布。

实施目标考核法时，管理者需要准确设定员工的目标。这个目标要尽量设立在员工能力范围的“边界”处。如果员工能够突破自己、取得进步，对自身、对公司都是好事；如果员工刚好完成任务或者离完成任务还差一点，那么管理者也要肯定员工的努力，不能过多苛责。

目标考核法比较有针对性，结果较为精准。目标考核法覆盖了公司层面、部门层面和员工层面，可以精细到对每个员工进行辅导；但缺点是，在实施过程中，由于各部门分配到的具体目标不同，因此无法进行横向比较。

在管理层实施目标考核法的整个过程中，员工的参与度都很高。在这样“全民参与”的背景下，出于对公司的责任感，员工会在实施过程中主动提高自身的积极性。

目标考核法操作简单，成本相对较低，在整个考核过程中只需要管理层与员工彼此沟通，确认目标后执行并验收结果即可。管理者需要注意的是，由于目标考核法只强调向员工分配目标及最后验收结果，对中间过程并没有特别重视，很可能会出现员工收到目标后无从下手的情况。

面对这种情况，管理者很难有足够的时间去确认每个员工是否存在问题并给予指导。因此，管理者在分配目标时，需要确保每个员工都了解自己的任务。员工一旦实现不了分配的目标，就会影响整个公司的效益。

10.1.2 360 度绩效考核法

360 度绩效考核法会从多个视角来考核员工的综合素质，力求从多维度来解析员工，以保证结果的全面性。360 度绩效考核法通常会有四个或四个以上的评价维度，如员工个人、员工上级、员工同事、员工的客户等。

由于 360 度绩效考核法面对的人群较广泛，因此在实施时可以采用问卷法。问卷法根据问题不同，给出的选项也不同。针对可以量化的问题，评估标准就可以给出分值范围，由填写问卷的人进行打分；针对无法量化的问题，评价标准可以采用较笼统的“优、良、中、差”选项。问卷最后往往是询问评估者对被评估者的主观印象或者是开放式的问题。

360 度绩效考核法虽然力求对员工进行全方位的评价，但其对参与调查的人群范围也有一定的要求。参与评价的人应该是了解或者熟悉被评估者工作的员工，这是因为他们有工作来往，对被评估者的能力及性格等方面都有了解，所以才能做出相关的评价。如果员工与被评估者的业务不相关，则不能做出评价。

但是由于评估者与被评估者之间有来往，在工作中也经常见面，为了避免评估者心存顾虑，无法公平、公正地表达自己的真实想法，问卷调查通常采取匿名形式。

在评估结果发布后，管理者应该及时公开。管理者需要分析被评估者在哪些方面做得比较好，原因是什么，同时还要分析被评估者在哪些方面需要改进及如何改进等。

通过 360 度绩效考核法得到的最终结果全面且公正。从一个维度评价员工总会出现偏差，但 360 度绩效考核法是全方位、多角度的考核，在很大程度上消除了个人偏见、喜恶等主观因素的影响，能够获得相对客观的结果。

不过，360 度绩效考核法也存在一些弊端。一方面，为了获得多维度的评价，进行多个层面的调研会耗费管理者大量的精力和时间，这使得考核的成本变得很高。

另一方面，360 度绩效考核法意在获取更全面的信息，因此没有刻意限制评估者的思路，这会导致考核内容过于空泛。因此，考核的方向很容易从被评估者的业绩偏离至精神品格等其他方面，导致管理者无法对被评估者做出客观评价。

对于员工来说，他们可以从 360 度绩效考核中全面认识自己，这是非常宝贵的自我审视的机会。员工可以根据评估结果，反思自己的工作并改正存在的错误，这对员工的个人成长来说十分有利。

360度绩效考核法还能增强部门间的交流与合作。在考核的时候，各部门之间需要彼此监督、互相评估，这种频繁的交流会让彼此更理解对方的需求，增强合作意识。

10.1.3 主基二元考核法

一些管理者在对员工进行绩效考核时考虑的指标较多，不知道如何合理地利用这些指标对员工进行准确的考核。这时，管理者就可以采用主基二元考核法。

主基二元考核法，即将绩效考核设计为两部分——主要绩效和基础绩效。主要绩效包含员工的重要绩效指标，是决定员工绩效的重要部分。基础绩效包含非重要的绩效指标，在一定范围内时，既不加分，也不减分；若是在这个范围之外，就要进行加分或减分。先得出员工的主要绩效分数和基础绩效分数，再将二者相加，就得出员工真正的绩效考核分数。

主基二元考核法的优势表现在以下几个方面。

首先，员工的绩效分数随着主要绩效分数的提高而提高，主基二元考核法能够刺激员工的主要绩效不断增长。

其次，主基二元考核法中的基础绩效可以划分为必须改善区、一般区、优秀区。若员工的基础绩效在必须改善区的范围内，那么员工就需要采取措施，提高自己的基础绩效。这种考核方法会促使员工自觉提高自己的基本工作素养。

再次，主基二元考核法能够简化管理者对员工的管理。其操作简单，易于实施，能够让管理者更轻松地对员工进行管理。

最后，主基二元考核法对员工也具有激励作用。主要绩效和基础绩效相加，能够拉开优秀员工和普通员工的考核分数差距，这对于优秀员工而言是一种激励，对于普通员工而言则是一种鞭策。

10.1.4 KPI 关键绩效指标法

KPI 关键绩效指标法，即从员工的工作中提取关键指标，通过对这些关键指标的考核来评估员工的工作。KPI 关键绩效指标法可以将企业的战略目标分解为可实现的细化目标，让员工的工作更加明确。通过 KPI 关键绩效指标法对员工进行考核时，管理者必须科学、合理地设定绩效指标。

如果采用 KPI 关键绩效指标法，则绩效指标要严格按照 SMART 标准来制订。SMART 标准，即绩效指标必须是具体的（Specific），绩效指标必须是可以衡量的（Measurable），绩效指标必须是可以达到的（Attainable），绩效指标必须要与其他指标有一定的相关性

（Relevant），绩效指标必须有明确的期限（Time-based）。

管理者使用 KPI 关键绩效指标法，应该从以下几个方面考虑。

1. 明确企业战略目标

管理者首先需要明确企业的战略目标，并根据战略目标分析出企业的业务重点。之后管理者就可以确定出业务的关键业绩指标，即企业级 KPI。

2. 分解出部门级 KPI

各部门需要通过对企业级 KPI 的分解，明确自己的目标，并分析实现这个目标的工作流程，最后明确部门级 KPI。

3. 分解出个人 KPI

部门级 KPI 再经过细分就会形成个人 KPI。这些细化的个人绩效指标不仅为员工的工作指明了方向，同时也是员工考核的关键要素和重要依据。

4. 设定评价标准

确定好企业级、部门级和个人 KPI 之后，管理者还需要设定关键绩效指标的评价标准。在设定评价标准时，管理者需要从业务本身、市场环境、员工素质等方面综合考虑，同时还可以参考公司此前的绩效考核情况。

5. 审核关键绩效指标

最后，管理者还需要对关键绩效指标进行审核。审核的内容包括：关键绩效指标的总和是否包含了员工 80%以上的工作目标，以及这些关键绩效指标是否具有可操作性等。对关键绩效指标进行审核是为了确保其可以较为全面、客观地反映员工的绩效，并且易于操作。

KPI 关键绩效指标法的优势是十分明显的，它的目标明确，有利于企业战略目标的实现。企业级 KPI 经过层层分解后形成个人 KPI，这就保证了个人目标和企业目标的一致性，能促使企业目标更顺利地实现。

当然，KPI 关键绩效指标法也存在一定的局限性，并不是所有的岗位都适合使用 KPI 关键绩效指标法考核。管理者在使用 KPI 关键绩效指标法之前，需要认真调查分析，确保 KPI 关键绩效指标法在自己的公司是适用的。

10.1.5 OKR 目标与关键成果法

OKR 目标与关键成果法也是常用的一种绩效考核方法。OKR 包括“O”和“KR”两个部分，“O”表示 Objective，即目标；“KR”表示“Key Result”，即关键成果。OKR 的意思是明确公司目标和目标达成的关键成果。

OKR 目标与关键成果法由英特尔公司的 COO 安迪 • 格鲁夫提

出，同时他也对此进行了实践。之后，谷歌公司对 OKR 目标与关键成果法的应用让更多的人了解了这种方法。自约翰·杜尔将 OKR 目标与关键成果法引入谷歌公司后，它作为谷歌公司的考核制度一直被沿用至今，极大地推动了谷歌公司的发展。此后，美国许多新兴互联网公司，如 Facebook、推特、领英等也采用了 OKR 目标与关键成果法，国内许多企业也开始了 OKR 目标与关键成果法的实践之路。

OKR 目标与关键成果法是指在一定的周期内，制订一个或几个目标，同时根据目标制订衡量目标是否达成的关键成果，周期结束后就可根据目标的实现情况对员工进行评估。

实施 OKR 目标与关键成果法，包括以下几个方面。

（1）从年度 OKR 细化到季度 OKR，一个季度评定一次，在此期间管理者可随时对 OKR 体系进行更新和检验。

（2）目标需要企业内部从下而上讨论、自上而下分解，个人目标的确定需要参考公司总目标和部门目标。

（3）关键成果要设定明确，并且需要对其进行量化处理。

（4）企业所有员工都要制订自己的 OKR，并且要透明、公开，同级可互相评价。

从以上实施方法来看，OKR 目标与关键成果法的核心是目标，比起对员工的考核，OKR 目标与关键成果法更注重目标的实现和对员工的管理。分解目标保证了公司目标、个人目标的一致性，确保了员工的工作能够围绕目标而展开。

OKR 目标与关键成果法的特点表现在以下几个方面。

（1）OKR 目标与关键成果法不强调打满分

OKR 目标与关键成果法的目标是富有挑战性的，因此员工很难得到满分。以谷歌公司为例，大多数情况下，目标得分在 0.7~0.8 分就已经是优秀了。

（2）目标与关键成果是可以动态调整的

目标与关键成果制订是比较灵活的，是可以随外部环境的变化而随时调整的。因为 OKR 目标与关键成果法是以目标为导向的，即便是之前设定好了合理的目标与关键成果，但在实施阶段，如果因外部因素的变化而导致关键成果已经不符合实际时，为了实现目标，管理者就需要对关键成果进行调整。

（3）OKR 目标与关键成果法能让员工更主动

OKR 目标与关键成果法制订的挑战性目标能够激发员工工作的积极性、主动性，能够刺激其跳出舒适圈，实现快速成长。

在实施 OKR 目标与关键成果法的过程中，管理者需要注意以下几个方面的内容。

首先，管理者和员工要一起协商目标。OKR 目标与关键成果法的目标是管理者与员工共同制订的，这样做更能激发员工工作的主动性。

其次，目标与关键成果不能制订得太多，否则就失去了聚焦目标和关键成果的作用。一般来说，每个层级的目标与关键成果最多有 5 个目标，每个目标最多有 4 个关键成果。

最后，管理者还要对目标与关键成果进行定期检查。如果是按季度制订的，那么管理者不能到季度末才进行复盘，而应在整个执行过程中定期检查。

10.2 赏与罚都是考核重点

绩效考核的重要作用体现在绩效结果的应用上。在绩效考核结束后，管理者需要根据员工的绩效考核结果明确其应得的奖励或惩罚。奖励与惩罚都是绩效考核的重点内容，奖励能够激励员工更加努力，惩罚能够对员工进行鞭策。

10.2.1 考核指标要“精”

绩效考核是员工开展工作的指挥棒，在员工眼里，考核什么就决定了他们要干什么，怎么考核就决定着他们要怎么干。如果这个指挥棒用得好，就能够调动员工工作的积极性和主动性；如果这个指挥棒用得不好，就有可能挫伤员工工作激情。要让绩效考核这个指挥棒发挥效力，关键就在于管理者能在绩效指标的设置上做到精细化、精准化。

考核指标不能一刀切。一些管理者在制订绩效指标时，总会为不同的员工制订千篇一律的绩效指标，这就很难对员工做出准确的评价，更体现不出考核的针对性。

管理者在制订绩效考核指标时要突出差异化。一方面，员工考核指标设置必须科学合理，针对不同考核主体、不同岗位分别设置不同的考核指标，增强考核的针对性，使员工考核做到因人而异、因岗而异；另一方面，管理者需要持续改进考核方法，加大考核力度，把考核工作融入日常，使员工考核结果更加符合员工实际。

10.2.2 考核信息要“准”

当绩效管理指标设定之后，管理者下一步要做的就是绩效考核。在绩效考核过程中，管理者遇到的最大的难点是怎样保证绩效考核数据的准确性。

在设计绩效管理指标体系时，一些管理者会发现收集的数据与实际工作中反映出的真实情况存在差距。遇到这种情况，管理者该怎么办，是绩效考核指标的设定出现了问题？还是在收集数据时没有得到准确的数据？

管理者可从以下几个方面入手解决上面提到的问题。

1. 绩效考核数据的提供方式

在设定绩效考核指标时，管理者要避免由部门提供自己的绩效考核数据，部门级的考核数据最好由其他部门提供。当然，在实际操作中，某些部门的数据可能无法由其他部门提供，那么这些由本部门提供的数据必须让其他部门确认，之后才能用于绩效考核。

2. 检查收集到的绩效考核数据

管理者对绩效考核数据进行检查的目的，是确认各部门的统计数据是否准确。在收集数据时，管理者需要为各部门制订明确的收集标准和收集流程，并对此进行监督。

同时，绩效考核数据的实效性也是十分重要的。有些绩效考核数据必须要实时记录，不能依靠回忆来提供。因此，管理者必须让各部门和每个员工做好工作记录。

3. 在设定绩效考核指标时，要考虑到如何收集绩效考核数据

管理者在设定绩效考核指标时，一定要考虑到如何收集绩效考核数据。在设定绩效考核数据的过程中，若发现某些指标的绩效考核数据难以收集，那么管理者就需要改变绩效考核指标，或者建立

相关流程来保证绩效考核指标数据能够被收集。

总之，管理者在实施绩效考核时，一定要保证绩效考核数据的准确性，这样才能对员工做出正确的评价，使绩效管理发挥功效。

10.2.3 赏罚要分明

适度的奖励能够鼓舞人心，必要的惩戒能够让员工自律。在管理者管理员工的过程中，奖励与惩罚手段的使用是十分有必要的，管理者必须做到赏罚分明，才能让员工信服。

激励是指激发员工的工作动力，调动员工的积极性，使其提高工作效率。激励机制运用得好与坏是影响企业发展速度的重要因素。为了使绩效考核具有激励性，管理者需要将员工的绩效结果与其薪酬相关联，同时将员工的绩效结果与其职业发展挂钩，使员工的工作更具有动力。

奖励为什么能够达到激励员工的目的？首先，如果员工了解到自己的努力、绩效和奖励存在密切联系，他就会付出更大的努力。其次，奖励是对员工工作绩效的肯定，这样的认知会激发员工的自豪感，从而激励其为保持良好绩效而努力。

当然，绩效考核不能只有激励，适当的惩罚也是有必要的。无规矩不成方圆，无奖罚也不成考核。必要的奖罚措施体现了企业的管理水平，会推动企业的发展。在员工绩效不达标时，管理者要按绩效考核的规章制度对其进行惩罚，以鞭策他端正态度、努力工作。

惩罚是一种负强化手段，其与奖励这种正强化手段是共存的。它可以纠正各种不良行为，保护多数员工的积极性。同时，管理者要建立科学的激励机制和约束机制，为奖罚提供依据。

◇◇◇ 第十一章 ◇◇◇

有效激励：点燃 90 后员工的工作热情

- 物质激励，多给员工看得见的“好处”
- 精神激励，带好团队是门学问

激励机制能够充分调动员工的工作积极性，尤其是 90 后员工，有效的激励能够点燃他们的工作热情，激发其工作潜能和无限的创造力。在对 90 后员工进行激励时，管理者可以采用物质激励和精神激励两种激励方法。

物质激励是最基本的激励方式，能够带给员工实实在在的奖励。物质激励的方式是多种多样的。除了物质激励，管理者也应重视精神激励，精神激励能够激发员工的荣誉感、责任感和使命感，使其工作更有动力。

11.1 物质激励，多给员工看得见的“好处”

物质是人类生存的基础，物质激励是激发员工工作积极性的重要手段。许多企业建立的薪酬制度与绩效考核紧密结合，就是出于对物质激励的重视。

物质激励的方式多种多样。管理者可以结合企业的具体情况来设置不同的物质激励方式，同时，在对员工进行物质激励时，管理者必须重视公平与公正。只有公平、公正的物质激励才能有效发挥对员工的激励作用。

11.1.1 增加浮动奖金，奖金比基本工资更丰厚

将物质激励和绩效结合在一起是很多企业普遍采用的一种物质激励手段。这种激励方式易于操作，但是如何充分发挥绩效的激励作用，是需要管理者认真思考的。增加员工的浮动奖金，让员工的奖金比基本工资更丰厚，能够有效激发员工工作的积极性。

某科技公司在进行薪酬调整的时候，为了激发员工的工作热情，增加了员工的浮动奖金。管理者将员工的基本工资控制在合理的范围内，而薪酬包含的其他部分通过浮动奖金来补充。浮动奖金与员

工的业绩挂钩，只要员工的绩效达到当初双方约定的水平，员工就可以全额获得这笔浮动奖金；如果员工的绩效未能达标，其获得的奖金也会大大缩水。

这无疑是一个公平、公正的物质激励手段。对于员工而言，有业绩任务在先，业绩完成越好，奖金也越丰厚，同时这样的激励方法也保证了公平，让业绩差的员工也能够信服。

在以浮动奖金的形式进行物质激励时，为确保激励措施的科学性，管理者还需要做好以下两个方面的工作。

首先，管理者要在企业内建立一种高绩效文化。员工的薪酬调整必须以绩效为依据。绩效高的员工将获得更高的奖金，奖金甚至会高于员工的基本工资，这将极大地激发员工的工作热情。

其次，管理者在增加浮动奖金的同时，也需要把员工的基本工资控制在一个合理的范围内。增加浮动奖金并不是以大幅削减基本工资为代价的，而是对奖金部分的分配进行了调整，使其能够更好地激发员工工作的积极性。

此外，管理者在完善公司的薪酬制度时，不能只把眼光局限于本公司内，还要关注市场薪酬水平。管理者应建立完善的薪酬监控流程，通过定期对标市场薪酬水平，了解本公司薪酬分配与市场薪酬分配的差距。管理者可通过对比结果随时调整公司的薪酬分配方案，这样能够更好地保证资金对于员工的激励作用。

11.1.2 鼓励多劳多得，避免“大锅饭”

在实施物质激励机制时，管理者要向员工灌输“多劳多得，不吃‘大锅饭’”的理念。何为“大锅饭”？“大锅饭”体现的是一种带有严重的平均主义的薪酬分配方式，即不论企业盈利还是亏损，员工的薪酬都不会因此变动，企业支付的工资总额与营收脱节；而无论员工干多干少，都不会影响个人薪酬。

这种薪酬分配方式会极大地挫伤员工工作的积极性。同时，员工的薪酬与企业发展的联系不密切，也会使员工对企业的发展漠不关心，导致企业的凝聚力大打折扣。因此，管理者需要坚持多劳多得的薪酬分配方式。这样的薪酬分配方式更能体现公平，能够保证优秀员工的利益，激发员工的工作热情。

上海一家科技公司的研发工作是以团队形式进行的。在开展产品研发工作时，管理者会从各部门中抽调一些员工组成临时的研发团队，团队中的成员往往身兼多职。刘君是某生产部门的员工，但近半年来，除了本职工作，他先后在几个研发团队中承担了不同的任务。

刘君的工作忙碌了许多，可其得到的薪酬却不能让他满意，因为他在各研发团队中的努力并没有反映在薪酬中。刘君提出质疑，但人力资源部门表示，根据企业现行的薪酬制度，只能按其工作职位进行绩效评估。最后，通过多次协商，管理者决定以发放奖金的形式对刘君等优秀员工进行奖励。

在上述案例中，刘君所在的科技公司没有完善的薪酬制度，管理者也无法对刘君等优秀员工的工作进行准确的评估。这表明，公司若想科学地实现多劳多得，就需要建立完善的薪酬分配体系和薪酬制度。

在完善企业薪酬分配体系和薪酬制度的过程中，管理者要注意以下两个问题。

（1）管理者必须保证员工对新的薪酬分配体系和薪酬制度有清晰的了解，保证新的薪酬分配体系和薪酬制度获得了员工的认同。

（2）薪酬分配体系要有等级划分，不能一刀切。

最后，新的薪酬分配体系和薪酬制度需要先在企业内试行一段时间。在试行期间，管理者要关注员工的反映，如果体系和制度存在不合理之处，需要及时对其进行修正和完善。

11.1.3　设置团队奖金，不怕团队缺少凝聚力

一些工作需要团队成员互相配合才能够完成，而设置团队奖金能够激励团队的每一个成员自发地为团队目标而努力。那么，管理者如何设置团队奖金，才能既起到有效的激励作用，又能够提升团队的凝聚力呢？这需要管理者公平、合理地设置团队奖金。

管理者在设置团队奖金的分配方式时要注意两个方面。一是管

理者需要明确团队各成员获得奖金的比例；二是管理者要对团队成员进行绩效考核，根据绩效考核结果进行奖金分配。

在设置团队奖金时，管理者需要思考以下几个问题，如图 11-1 所示。

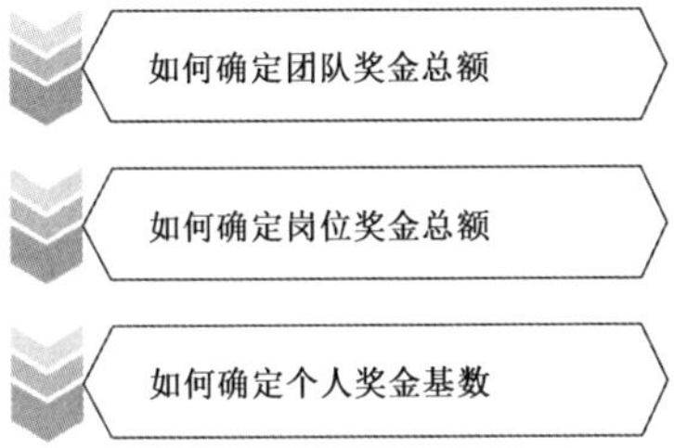

图 11-1 设置团队奖金时需要思考的问题

1. 如何确定团队奖金总额

管理者可以根据具体的项目收入来确定团队奖金总额。管理者可以为团队设计一个递进式的资金提成比例，项目的最终收入高，资金提成比例也会随之提高。这种灵活的团队奖金总额设置方式更能激发员工的工作积极性。

2. 如何确定岗位奖金总额

设置岗位奖金总额也是十分有必要的，一个团队设有不同的岗位，每个岗位会被安排不同的员工，只有设定好每个岗位的奖金总额，才能够更加精确地设定每个员工的奖金。如何设置岗位奖金总额呢？这需要管理者根据不同岗位的职责来确定。

不同岗位的职责不同，在项目当中的贡献度也会不同，管理者需要根据不同岗位的贡献度来确定奖金分配的比例。确定好每个岗位的奖金分配比例之后，不同岗位的奖金基数也就随之确定了。

3. 如何确定个人奖金基数

确定个人奖金基数的依据就是个人对项目的贡献度。岗位的奖金基数已经确定了，管理者可以根据员工的绩效表现来确定其最终的奖金金额。

团队奖金在激发员工个人的工作积极性的同时，还会使员工更加重视团队成员间的协作。如果团队奖金分配不均，就会使团队成员间产生矛盾，不利于团队凝聚力的提升。因此，管理者在设置团队奖金时一定要注意奖金分配的公平、公正。

11.1.4 巧设福利，留住人心

员工福利是物质激励的重要表现形式，巧设福利不仅能够激发员工的工作热情，更能够留住人心，增强员工的归属感。管理者在设立员工福利时，有很大的自由选择空间。一般来说，较为普遍的员工福利包括以下几种。

（1）住房贷款利息给付计划

住房贷款利息给付计划是较为普遍的一种福利计划。员工在向银行申请住房贷款后，在一定的额度和年限内，企业会逐月支付贷款的部分利息。

（2）医疗及有关费用的报销

一些效益良好的企业会为员工提供医疗费用全额报销的福利。这些企业多为成立年限较短、员工普遍年轻的成长型企业。

（3）带薪休假

带薪休假也是许多企业设立的主要福利，带薪休假的期限通常与员工的工龄有密切的关系。

（4）教育福利

一些企业会设置教育福利，比如为员工支付部分接受更高教育等方面的费用，或者为员工提供非岗位培训等。

员工福利的种类是多种多样的，管理者应如何设置适合自身企业的员工福利？管理者需要做到以下几个方面。

（1）最基本的福利必须有

员工福利首先要包括最基本的福利，比如五险一金、补充医疗保险、寿险、重大疾病保险等。企业为员工提供这些福利是对员工负责的表现。

（2）有特点的福利

有特点的福利更能获得员工的认可，在这方面，管理者可以选择为员工发放节日礼物、为员工过生日、定期组织团建、定期为员工安排体检、为员工准备下午茶等手段作为福利。

（3）员工福利要匹配企业文化

企业文化对于员工而言是十分重要的，员工福利也是体现企业文化的有效手段。因此，匹配企业文化的员工福利更能宣传企业文化。

例如，某企业管理者主张企业应像家庭一样。以这种主张为出发点，该企业管理者围绕着工作与生活平衡这一点，将设置员工福利的重点放在了创造一个更像家庭的工作环境上。为此，公司为全部员工提供工作日的午餐、交通补贴和带薪休假福利。同时，公司还设计了各种团体性活动，以增进员工间的感情。

对于企业来说，员工福利在发挥其社会功能的同时，也是企业吸引人才、激发员工潜能的主要方式。对于员工来说，医疗保险、养老保险等基本福利，可以满足他们的生活需要，而其他有特色的福利可以满足他们的情感需求。

例如，带薪休假福利能够缓解员工的工作压力，让其有更多的时间陪伴家人，满足员工在情感方面的需求；企业举办各种团建活动、聚餐活动，可以使员工在工作之外有更多的接触，使彼此的关系更为融洽。

总之，员工福利不仅能为员工带来物质方面的激励，也能够满足员工的情感需求。人心的聚集更能激发团队凝聚力，也能够让员工产生更多的归属感。

11.2 精神激励，带好团队是门学问

除了物质激励，精神激励也能够对员工产生有效的激励作用。相比于物质激励，精神激励更加长效，更加能激发员工的内在动力。在对员工进行精神激励时，管理者可以采用荣誉激励法、榜样激励法、参与激励法等。

11.2.1 荣誉激励法

荣誉激励法是一种有效的精神激励手段。管理者可以把员工的工作表现与晋级、选模范联系起来，对员工进行表扬、奖励等。荣誉可以成为员工创造良好业绩的力量，还可以对其他员工产生感召力，激发其他员工为获得荣誉而努力，产生较好的激励效果。

管理者给予那些工作表现突出、具有代表性的优秀员工荣誉，是很好的精神激励。精神激励也能够体现企业对优秀员工的尊重。

此外，管理者给予团队荣誉，能够培养团队成员的集体荣誉感和团队精神。

很多企业都使用荣誉激励法来对员工进行精神激励，如在公司大厅开辟荣誉版块、设立荣誉墙等，或者在会议上对一些优秀员工予以表扬。这些行为都会增强员工的荣誉感、自豪感。

为更好地发挥荣誉激励法的作用，管理者可以建立荣誉激励体系，优化激励机制、竞争机制。体系的建立、机制的优化可以引起员工对获得荣誉的重视，也能保证荣誉激励的公平、公正。荣誉激励能够培养员工对公司的认同感和归属感，引导员工树立与公司共同发展的理念，从而推动公司的持续发展。

11.2.2 榜样激励法

榜样的力量是管理者所不能忽视的，榜样可以感染、激励、号召其他员工，使其他员工产生行动力。

如果管理者在树立榜样时没有使用正确的方法，那么榜样的激励作用会大打折扣，难以达到管理者预期的效果。管理者如何做才能更好地发挥榜样的激励作用呢？如图 11-2 所示。

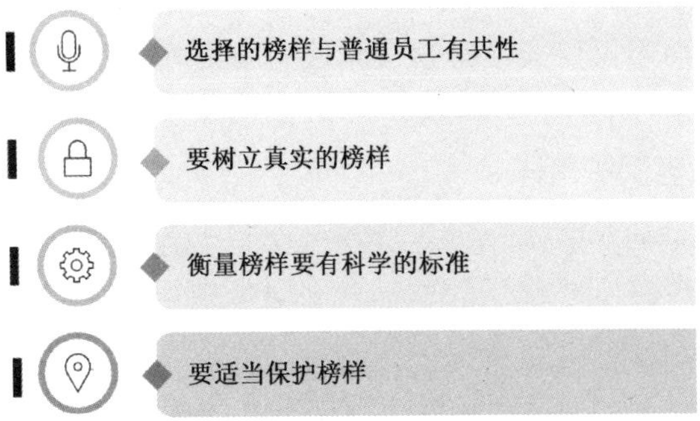

图 11–2 如何发挥榜样的激励作用

1. 选择的榜样与普通员工有共性

在选择榜样时，管理者要注意选择与普通员工的经历相似，并与普通员工有共性的人物作为榜样。榜样与普通员工有共性，普通员工才更易于学习他的行为。同时，管理者要为各部门、各岗位设立不同的榜样，使不同岗位的员工都有要学习、超越的对象。

2. 要树立真实的榜样

管理者选择的榜样必须是真实的，即榜样也是存在缺点的，并不是完美的样板。榜样可以在员工中产生，一个被其他员工认可的、思想进步的、工作出色的员工就可以成为榜样。当然，榜样的工作也不可能样样完美，这种真实的榜样才会激起其他员工向其学习的欲望，才能被其他员工信服。

3. 衡量榜样要有科学的标准

管理者在思考一个员工能不能成为榜样时，要重点关注其对企业的贡献，而不仅仅关注其勤俭刻苦的品格等。

4. 要适当保护榜样

管理者持续关注榜样并鼓励其不断进步，会使一些员工产生不平衡心理并因此对榜样进行言语打击。此时，管理者要及时对这些员工进行批评教育，引导他们学习榜样的优点，同时也正视榜样的缺点。

榜样能够起到有效的激励作用，因为行动比言语教导更能影响人。管理者要充分发挥榜样的力量，通过榜样引导员工积极工作，这对于员工的发展和团队的团结都是十分有利的。

11.2.3 参与激励法

参与激励法是一种实用的精神激励方法，即管理者可以让员工参与到公司的管理中来，以此调动员工的工作积极性。管理者需要为员工参与公司管理提供机会，借此提高员工的主人翁意识、对工作的使命感和对公司的认同感。

但要注意的是，让员工参与公司管理并不是让员工成为决策者，而是让员工成为制订决策的参与人员，对决策提出意见和建议。在实施参与激励法的过程中，管理者需要注意以下几个方面。

首先，管理者要注意保证员工参与公司管理的广泛性，力求让全体员工都有参与公司管理的机会。为实现这种广泛性，管理者需要建立完善的内部沟通渠道，让每个员工都能够有通畅的渠道为公司决策提出意见和建议。

其次，管理者需要在公司内建立自由、宽松的氛围，鼓励员工积极参与公司管理。管理者要认真对待员工的意见和建议，多与员工沟通交流，多询问员工的看法。同时，对于一些给出正确意见和建议的员工，管理者可以适当地给予奖励。

参与激励法为什么能够对员工起到精神激励的作用？当员工参与到公司管理中时，这种参与感会激发员工的责任感，使其工作更加认真负责。同时，若员工的建议被管理者采纳，员工也会因此产生成就感，从而激发其工作的积极性。

因此，参与激励法是精神激励的有效手段，管理者需要对其给予重视。在实施参与激励法时，管理者一方面要建立完善的沟通渠道，为员工参与公司管理提供条件；另一方面也要建立宽松的氛围，鼓励员工积极参与到公司的管理中来。

◇◇◇ 第十二章 ◇◇◇

结果导向：抛弃形式化，工作更有效率

- 落后的“家长制”管理方式
- 讲结果，少说教
- 是管理者，也是朋友

在管理员工时，管理者应以结果为导向，抛弃形式主义。这就要求管理者必须摒弃落后的“家长制”管理方式，如任人唯亲宗派式管理方式、唯我独尊命令式管理方式、主观猜测臆断式管理方式等，这些都是十分不可取的。

同时，在管理员工的过程中，管理者要学会和员工做朋友，与员工平等相处。管理者还需要精简管理流程，充分调动员工的工作积极性。

12.1 落后的“家长制”管理方式

目前，许多企业的管理者仍然喜欢采用落后的“家长制”管理方式，如任人唯亲宗派式管理方式、唯我独尊命令式管理方式和主观猜测臆断式管理方式。这些“家长制”管理方式的弊端是十分明显的，会导致企业管理水平低下、人才紧缺，严重制约企业的发展。

12.1.1 任人唯亲宗派式

这种落后的“家长制”管理方式的表现就是任人唯亲，具体表现为管理者在财务、人事等部门多选用自己的亲属或者亲信主持工作。这种管理方式是企业发展的瓶颈，如果管理者任人唯亲，企业的发展就很可能会受到阻碍。

某上市公司在成立的20年里一直发展得很稳定，前景也十分可观，但其创始人在选择接班人时，没有选择大家认为最优秀、最合适的人，而是任命其缺乏管理经验的儿子作为公司的接班人。而在其儿子接手后的一年时间里，公司非但没有发展，反而有了巨大亏损，在这之后更是每况愈下，最后不得不申请破产。

相反，另一家上市公司的创始人就坚决反对任人唯亲，并且还明确规定员工亲属不得进入公司工作。该创始人认为，如果自己或员工的亲属进入了公司，可能会互相联合起来，形成不同的利益团体，这对公司的发展是极为不利的。该创始人在退休时，挑选了大家公认的最有管理能力和管理经验的员工来管理公司，使得公司发展欣欣向荣。

任人唯亲宗派式管理方式具有十分明显的弊端，对公司发展有极大的阻碍。其弊端主要表现在以下几个方面，如图 12-1 所示。

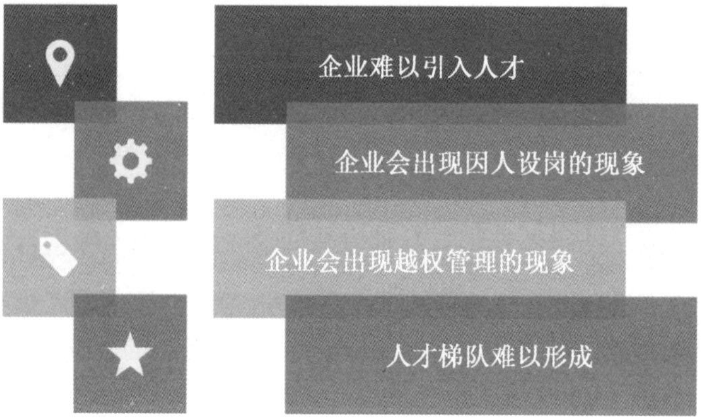

图 12–1　任人唯亲宗派式管理方式的弊端

1. 企业难以引入人才

管理者任人唯亲会导致企业内部裙带关系严重，这使得很多优秀的人才难以进入企业。

2. 企业会出现因人设岗的现象

因人设岗即不是按照岗位的职能去找匹配的人才，而是为管理者的亲属设置原本不需要的岗位。因人设岗极大地影响了公司晋升的公平性，极易导致企业内优秀人才的流失。

3. 企业会出现越权管理的现象

越权管理也是在任人唯亲宗派式管理方式下极易出现的问题。一些员工会因为自己是管理者的亲属而认为自己有更大的权力，越级管理也因此产生。越权管理扰乱了公司正常的管理流程，不仅降低了其他员工的工作积极性，也极易激化员工间的矛盾。

4. 人才梯队难以形成

当企业形成了任人唯亲的氛围后，优秀的人才难以进入企业，或者即使进来了也会被排挤出去，这会使得企业的人才梯队难以形成，企业的长远发展也将受阻。

任人唯亲宗派式管理方式会严重制约企业的发展，人才的缺乏会使企业丧失发展的活力；同时，企业内也极易形成不同的利益团体，这些都对企业的发展造成了阻碍。因此，为确保企业的长远发展，管理者必须摒弃任人唯亲宗派式管理方式。

12.1.2 唯我独尊命令式

第二种落后的“家长制”管理方式就是唯我独尊命令式，这也是不可取的。管理企业，归根结底是管理人，为了确保工作尽快完成，许多管理者都会采用唯我独尊命令式管理方式来管理员工。这种管理方式整体上是弊大于利的。

命令式管理需要管理者为员工的行动设定命令和规范，员工只要按照命令行动即可。虽然这样做容易实现管理者想要的目标，但是其弊端也是十分明显的。

首先，命令式管理意味着管理者与员工间缺失沟通，管理者下达命令，员工按部就班地执行命令。员工对命令缺乏思考，只是在盲目地执行。在这种情况下，若是执行命令的过程中出现了意外，员工也无法在最短的时间内做出正确的反应。

其次，命令式管理在很大程度上表现的是管理者的意志，员工执行的每一个步骤都是被规定好的，这严重限制了员工的主观能动性发挥，也难以激发员工的工作潜力。对于劳动型员工而言，多一点命令或许无可厚非，但是对于技术型、研发型员工而言，命令式管理方式无疑会使员工的创造性受到压制。

当前，90 后逐渐成为企业人力资源的主体，他们的自主意识强烈，追求成就感、尊重感。为了满足他们的自主性追求，也为了使他们更好地发挥其创造性，管理者必须摒弃传统的唯我独尊命令式管理方式。

12.1.3 主观猜测臆断式

第三种落后的“家长制”管理方式就是主观猜测臆断式。在管理员工的过程中，管理者常常受到主观因素的影响，凭猜测去做决定，这极大地影响了决策的科学性。

管理者在评判事情或选择人才时也可能会犯这样的错误。管理者在评判事情或选择人才时过于主观，必定会对管理工作产生不利的影响，无法实现“人尽其用”。

主观猜测臆断式管理方式的弊端主要表现在两个方面。一方面，员工在工作中出现错误是难免的，而出现错误的原因可能是多方面的。如果管理者仅凭主观猜测就认为是员工自身的问题，那么这种评价是非常片面的，容易造成管理者与员工之间的矛盾。下面的这个案例就表明了主观猜测臆断式管理方式的弊端，除了使管理者无法对事情做出正确、客观的判断，还不利于人才的培养。

王鑫是一家销售公司的销售员，他十分努力，销售经验也十分丰富，连续几个月都是销售冠军。由于工作调动，王鑫在上个月被调到其他地区负责销售，而新地区的用户并不多，王鑫需要花费时间来寻找新用户。这些转变，使得王鑫与上个月的销售冠军荣誉失之交臂，王鑫也因销售额下滑遭到了管理者的责备。

王鑫自觉十分委屈，销售额下滑并不是因为自己工作不努力，但是管理者却主观地这样认为。这种责备让王鑫难以接受，他的工作积极性也受到了打击。

正确的职业规划对于人才的成长具有重要的指引作用，若是管理者依据自己的主观猜测来安排员工的职位，就无法让员工产生更大的价值。对于人才的成长和公司的发展而言，这样是非常不利的。

管理者在管理员工的过程中出现了问题，最基本的原因就是其对员工缺乏全面、客观的了解，这样又怎么能管理好员工呢？要管理好一家企业，管理者就要对所有的员工有一个客观的认识，而要做到这一点，就必须摒弃主观猜测臆断式管理方式。

12.2 讲结果，少说教

以结果为导向，能够有效提升员工的工作效率。坚持以结果为导向，管理者就能从结果出发，思考工作的开展。要做到这一点，管理者应学会合理授权，激发员工创造力；应明确目标，反对辛苦的无效劳动；应简化流程，减少逐级汇报的时间。

12.2.1 合理授权，提高工作效率

管理者的时间和精力是有限的，不可能所有事情都亲力亲为。如果管理者想提升工作效率，就要学会合理授权，给员工展现自我的空间，激发员工的潜力。

一名优秀的管理者必须要懂得授权和放权。在管理员工的过程中，管理者必须明确哪些工作应该自己做，哪些工作可以交给员工完成。合理授权不仅会为管理者自身减压，还会为员工提供锻炼的机会，同时也能够提高工作效率。

管理者可以把工作留下一个缺口，让员工来完成。这样做的好处表现在两个方面：第一，适当授权给员工，让员工有施展能力的机会。第二，在员工付出努力完成任务后，他们会获得一种成就感。如果管理者借此机会表扬员工，对员工而言更是一种很好的激励。

如果管理者自己把事情做完、做好，那么这样的管理者只是一个“将才”，而非“帅才”。懂得适当授权给员工、自己运筹帷幄的管理者才是“帅才”。这样的管理者能够激发出员工的无限潜能，带动企业实现发展。

管理学家史蒂芬·卡维曾说过：“有效授权也许是唯一且最有力的高杠杆作用行为。”李嘉诚对这句话十分认同，他认为这句话讲明了管理的精髓，并将其奉为管理信条。在几十年的经营管理中，正是因为李嘉诚懂得适当授权，给员工提供发展的空间，激发员工的

斗志，他才能将复杂的企业集团管理得井井有条。由此可见，适当授权是管理者管理好企业、激发员工创造力、推动企业发展的重要因素。

12.2.2 明确目标，反对辛苦的无效劳动

管理者在管理员工的过程中，要坚持以结果为导向，明确员工的工作目标，反对辛苦的无效劳动。以结果为导向，要求管理者注重分析结果，不要太过强调过程，坚决反对形式主义。

一些管理者在工作中过于强调过程，重过程而不重结果。这些管理者在思考问题时，想的多是做这件事有没有意义，而很少去思考做这件事可以得到什么。

还有一些管理者在评价员工时过于看重表象，这使得企业里或多或少存在着形式主义加班的现象。形式主义加班为什么会盛行？因为员工想通过加班的形式在管理者面前“刷”存在感，而管理者在看到员工加班时也会认为其十分积极上进，却没有进一步思考员工的工作效率是否有问题。这其实是不可取的，管理者应更关注员工的工作效率，反对辛苦的无效劳动。

华为创始人任正非在管理员工时，就始终反对辛苦的无效劳动。许多员工在汇报工作时会说自己十分辛苦，但是任正非不会关注员工的工作是否辛苦，而会从员工的工作业绩出发，思考员工的工作

有没有意义。

任正非认为，管理者需要提高管理效率，不要为加班而加班，要拒绝形式主义。同时，员工也一定要提高工作效率，并非埋头苦干就行。

管理者需要认识到，如果将员工无效工作的时间合理地利用起来，那么员工既不用加班，又可以提高效率，对于公司而言也节约了资源。

12.2.3 简化流程，减少逐级汇报的时间

如果想要企业运作良好，简化流程是十分有必要的。简化流程，就减少了逐级汇报的时间，能够有效提升项目运作的效率，也能够提高员工工作的效率。管理者可以从以下几个方面来判定公司的流程是否存在问题，是否需要简化。

（1）分析历史报告，包括审计发现、故障报告等，业务频繁出现异常的环节往往存在流程方面的缺陷。

（2）分析授权清单，如果某个环节授权过多，耗时过长，往往意味着流程本身出现了问题。

（3）与其他管理者进行交谈，其他管理者反映的低效的审批环节也是流程简化的重点。

（4）向各部门员工了解情况，员工反映的存在问题的工作环节往往也是需要简化的。

通过以上方法了解了企业运行现状和存在的问题后，管理者就可以将目光聚焦于存在问题的环节上。

简化审批流程能够有效减少层层审批背后的形式主义，是管理者以结果为导向、重视工作效率的表现。管理者简化审批流程，不仅能够减少资源消耗，还能够提高业务的运行效率，提高员工的工作效率。

12.3 是管理者，也是朋友

管理者不仅是员工的领导，也要做员工的朋友，与员工友好相处，在与员工沟通时要少些命令、多些建议。同时，管理者也需要学会聆听，员工的意见和建议对于管理者来说也是十分重要的。

12.3.1 模糊层级，与员工做朋友

管理者与员工是上下级的关系，但若是管理者愿意和员工做朋友，就能在公司中营造一种轻松的氛围，从而激励员工更好地发挥工作的积极性和主动性。

对于员工而言，管理者本就是自己的领导，若是再摆出一副高高在上的姿态，员工就会觉得自己与管理者之间有很大的鸿沟，这对于公司发展而言是十分不利的。

2019 年年末，浙江的一家企业召开了年终会议。在会议上管理者对企业全年的工作做了总结，也对表现优秀的员工进行了嘉奖。会议的最后环节设置了游戏，秘书向公司管理者提出进行整蛊游戏的建议，本年度获得“优秀员工”称号的员工是大家整蛊的对象。

公司管理者同意了这个游戏提议，不过他向秘书表示，整蛊的对象不应该是那些获得“优秀员工”称号的员工，而应是自己与各部门的经理。于是，秘书准备的整蛊小道具都被用在了各位管理者身上，在游戏过程中，许多员工感觉十分开心。

公司管理者这样做，拉近了其与员工的距离，在公司里营造出一种轻松的氛围。

管理者与员工关系融洽，能够激发员工工作的积极性。一些企业已经取消了管理者的专用洗手间、专用餐厅等，管理者会在工厂与员工交谈，也会和员工一起研究有故障的机器。管理者取消自己的特权，与员工做朋友，能够激发员工的工作热情，增强员工对企业的归属感、认同感，增强企业的凝聚力和创造力。

12.3.2 建议比命令更容易让人接受

如果管理者想与员工做朋友，就需要注意自己与员工沟通的方式。很多时候，建议比命令更容易让人接受，尤其是在指出员工的工作错误时，命令的方式容易使双方产生矛盾，而建议则显得和缓许多。

刘威是一家科技公司的管理者，他在与员工沟通的时候，从来不会对员工讲“你要做这个”或“你别做这个”。他总是建议员工，“你可以选择这样”或“你这样做怎么样”。在与员工交谈的过程中，他总会给员工留有选择或思考的机会，而不会直接告诉员工应该怎么做，必须怎么做。

建议比批评更适合员工，这是一种更容易被员工接受的方法，能让员工感受到被尊重。有些管理者会强硬地要求员工改正自身的错误，甚至会一遍一遍地对员工重复自己的命令。殊不知，这样反而容易引起员工的不满，更加不利于员工发自内心地认识到自己的错误。

在遇到必须紧急加班的工作时，管理者应该如何向员工交代？怎样才能使员工心平气和地接受加班并认真地完成工作？管理者不要对员工强硬地下命令，最好的办法就是向员工强调这项工作的重要性，让员工产生认同感，这样才能调动员工的积极性。

张琦是一家服装厂的管理者，这天，他收到一笔很大的订单。

但是他知道，按照平时的工作进度，这笔订单根本无法如期完成。张琦没有直接下达加班的命令，而是召集所有员工一起探讨这个问题。他向员工说明情况，并表明这笔订单对服装厂有重大意义。

在讨论会上，张琦向员工问道："我们能不能接下这笔订单？有没有什么办法使我们如期完成这笔订单？"员工根据这些问题提出了各种建议，许多员工表示愿意加班直到订单完成。在员工的支持下，服装厂最终如期完成了这笔订单。

在上述案例中，服装厂完成了订单，是因为张琦通过建议的方式，让员工了解了订单的重要性，也激发了员工完成订单的积极性。强制性的命令容易引起员工的抵触情绪，而建议却能避免这种抵触情绪，使管理者和员工能有效交流，有利于达成双赢的结果。

12.3.3 学会倾听，管理迈出一大步

很多管理者认为，直接命令能够有效提高员工的工作效率，但是，过分命令反而会让员工反感。而善于倾听是管理者应该具备的重要素质。当员工感知到与自己谈话的管理者是一个合格的倾听者时，他们会更愿意分享自己的意见和建议。

关于倾听，存在两个误区，这是管理者需要正确认知的。

1. 倾听会使自己失去管理的权威

一些管理者认为，倾听会让自己失去管理的权威，听取员工意见会显得自己没有威望。这些管理者看起来很有权威，但这只是表象。如果管理者不会倾听，那么公司里面的所有事情都要由管理者亲自决策，虽然看着很有权威，但是会非常忙碌。

2. 倾听等于低效

有些管理者认为，倾听等于低效。从表面上看，直接下命令是高效的管理方式，但这十分不利于命令的执行。如果管理者没有倾听员工的想法，就无法知道员工对于命令的理解情况，也无法纠正员工的错误思想，最终会导致每个员工都很忙碌，整体的效率却依旧难以提升。

管理者学会倾听员工的声音，有如下 3 个好处。

1. 学会倾听，可以让管理者更加了解员工

管理者学会倾听，才能够了解员工的心理、习性等情况，才能够对员工有一个清晰的认知，才能在管理员工的过程中采取最有效的手段。

2. 学会倾听，可以让管理者更加包容员工的错误

愿意倾听的管理者，是能够包容员工错误的管理者。很多时候，管理者不能够包容员工的错误，就是因为他们不清楚事情的始末。

在管理的过程中，角度不同、时间范围不同、立场不同，都会导致人的视角不同。管理者学会了倾听，才能够全面了解事情原委，才能够包容地看待那些错误。

3. 学会倾听，在团队里形成良性的博弈氛围

每个员工的诉求都是不一样的，管理者学会倾听后，就能够对所有员工的诉求了然于心，为营造良性的博弈氛围提供条件。

管理分为三个层级，第一个层级为行为管理，即管理员工的行为，奖励、表扬做得好的员工，处罚、批评做得不好的员工；第二个层级为绩效管理，即用数据指标考核员工；第三个层级为心智管理，即管理人心，这能够提升团队的凝聚力，有助于形成良好的企业文化。

学会倾听是管理不可缺少的一环。管理者需要学会倾听，这样才能够对员工进行心智管理，从而推动行为管理和绩效管理的良性发展，推动企业的良性发展。

第十三章

价值提升：为 90 后员工搭建更宽广的舞台

◆ 完善的员工成长计划

◆ 别让员工站在团队外

90 后一般追求自我、思维活跃、创新力强，因此在 90 后员工进入公司时，为充分发挥其价值，管理者要为其搭建更为广阔的舞台。在这方面，管理者一方面要制订完善的员工成长计划，另一方面还要使员工更快、更好地融入团队。

13.1 完善的员工成长计划

在制订完善的员工成长计划时，管理者要遵循一定的步骤。首先，个人价值观和企业价值观的统一是十分重要的，因此管理者要让员工了解企业的价值观，增强其对公司的认同感。其次，管理者要向员工详细讲解公司的规章制度，以规范员工的行为。

在员工的成长方面，管理者还要采用合理的管理和培训方法，重视工作方法的传授，同时也重视员工的实操训练。

13.1.1 教价值观：增强对公司的认同感

员工在刚进入公司时往往会感到迷茫，对公司缺乏了解，不清楚公司的发展方向，也不清楚自己的发展方向，也很难产生对公司的归属感，这样是很不利于管理者对其的管理的。究其根源就在于员工对企业价值观认知不足，无法受到企业价值观的指引。因此，管理者必须深刻认识到让员工了解企业价值观的重要性。

企业价值观体现了企业的目标和价值追求，要想增强员工对公司的认同感，管理者就要引导员工树立与企业相同的价值观。

入职培训是向员工宣传企业价值观最合适的时机。一些大企业在员工入职后会及时开展企业价值观培训，使员工了解企业的历史和文化，传达企业的愿景和价值观，提高员工对企业的认同感。同时这些企业也会对员工进行职业道德培训，让员工了解在企业价值体系中哪些事情是被提倡的，哪些事情是明令禁止的。

管理者向90后员工进行企业价值观引导时有没有个性化的培训方法？某家广告公司在对 90 后员工进行企业价值观培训时，就采取了别具一格的培训方法。

该广告公司管理者在对 90 后员工分享自己的成长经历时，讲述了其在实习时期的一些经历和创业初期的失败经历，并引申出对“创意”的探讨、对自我塑造的探讨。而公司的代表员工在分享经验时，讲的也不是该如何努力工作，而是工作中与同事相处的趣事。

该公司这样安排的目的就是营造一种年轻的、活泼的氛围，使 90 后员工更容易认同公司，从而认同公司的价值观。这的确是一个更好地宣传企业价值观的方法。

在进行企业价值观培训时，管理者要注意激发员工的使命感，激励其为实现个人价值、企业价值而努力工作。只有员工把企业目标当作自己的目标去努力实现，企业才会有更加强大的生命力。

此外，为了提高员工对企业价值观的认同感，管理者也可以让员工参与到公司的建设中来，这能够提升员工的主人翁意识，提高其对企业价值观的认同感和对企业的归属感。

13.1.2 教制度：正式上岗不迷茫

管理者对员工进行规章制度的培训是十分重要的，只有在正式上岗前充分了解了公司的规章制度，员工才不会对自己的工作职责感到迷茫。规章制度包括公司的人力资源管理制度、安全管理制度、财务管理制度、行政管理制度等。

管理者在给员工讲解规章制度时，应该详细、清楚地解释规章制度制订的原因和目的，使员工更好地理解这些规章制度，而不能只是生硬地告知他们这个不可以，那个也不可以。管理者在对员工进行规章制度培训时需要注意以下几点。

（1）培训时，可以增加一些对比性的意见和规章制度可以保障的权利等内容，帮助员工更好地理解规章制度。

（2）可以有针对性地讲解一些重点的规章制度，辅以形象化的图片和过往的实例，使讲解更加生动。

（3）可以重点讲解公司的福利制度，让员工明确工作可以得到怎样的回报。同时，管理者在讲解公司的惩罚措施时，应重点告知员工违规会给公司带来的损失，而不是重点讲解员工违规后得到的处罚。

（4）对于员工手册等与员工密切相关的制度，应该让员工人手一份并签字确认，尽到告知义务。

（5）可以把各项管理制度梳理成流程图在公告栏张贴，还可以组织案例分享活动、知识竞赛活动等帮助员工了解公司的规章制度。

此外，在讲述规章制度时，管理者可以用提问的方式增加和员工的互动，并引导员工说出答案。如问员工“这样做可不可以？”“大家应该如何做？”等，这种互动式的讲解能够加深员工对于公司规章制度的认知。

13.1.3 教方法：师傅领进门，修行在个人

员工入职后，管理者怎么做才能让员工更快地了解公司并快速上手工作？在这方面，带教无疑是一个实用且有效的手段。

管理者为员工制订带教计划的好处是十分明显的，不仅能够使员工更快地了解工作内容和工作方式、熟悉工作流程、适应工作要求，还能使管理者准确评估员工工作能力和工作潜能，及时帮助员工解决工作中的问题、实现快速成长。

在带教的过程中，管理者首先需要交给员工的就是工作的方法，简单来说就是将工作做给员工看。在教学过程中，管理者应该做好示范，耐心说明工作方法，讲明正确操作和不当操作。了解了正确的工作方法，员工才能够更快地开展工作，养成良好的工作习惯。

此外，管理者从一开始就把正确的工作方法教给员工，省去了员工自己摸索的时间，能够让员工更快获得成功，提高工作信心。

在教授员工工作方法时，管理者需要注意以下三个方面。

首先，演示工作方法是一个重复的过程，管理者需要一遍遍地给员工演示，之后再让其尝试，并对其表现进行评价，直至其最终掌握了工作方法。

其次，管理者需要仔细观察员工的操作，并反复提醒，帮助其纠正错误。不同的员工，领悟力也不同，管理者在纠正其错误时要有耐心，循序渐进，不能操之过急。

最后，管理者要注重与员工的沟通交流。在演示工作方法时，管理者可以不时地向员工提出问题，确保其明确了工作流程，掌握了工作方法。同时，在员工进行实际操作时，管理者也需要询问员工的想法并对其提出的问题给出建议等。

13.1.4 教实操：没有实践就没有培训

理论与实践是培训的两个重要方面。管理者在对员工的培训中，如果只重视理论，不重视实践，那么员工也只会纸上谈兵；如果只重视实践，不重视理论，那么没有理论支撑的实践也难以让员工进步。因此员工掌握了工作方法后，下一步就要加强工作的实操了。

一般而言，员工的技能培训有两种方式：集中培训和分散式培训。集中培训是指对岗位技能要求相同的员工进行集中培训，这种培训方式能够节约培训成本，但管理者与员工难以进行充分的沟通。分散式培训是指管理者对员工进行单独指导，这样更能保证培训的效果和效率。

员工培训中的带教方式是加快员工成长、提高员工技能素质的重要方式。在一般情况下，管理者与员工在一起工作，能够全面掌握员工的成长情况。带教期间，管理者可以随时随地开展教学活动，当员工提出问题时，也可以在工作中为员工进行解答，不影响工作进度。

管理者可以充分利用 90 后员工理论知识水平高、精力充沛、理解能力强的特点，结合生产任务为其制订个性化的培训计划，帮助其更好地成长。此外，管理者可以充分利用现有资源，结合员工培训情况，组织开展业务技能竞赛，强化员工的工作技能。竞赛训练、业务竞赛、赛后点评等，能够加深员工对工作实操的理解，实现工作能力的提升。

员工技能培训的方法多种多样，管理者在实际应用中可以结合多种培训方式，重视员工实践的机会，以保证更好的培训结果。

13.2 别让员工站在团队外

为发挥员工的最大潜力，管理者需要让员工更快、更好地融入团队。为了实现这一目标，管理者需要采取多种方法来帮助员工适应团队、融入团队。

13.2.1 别习惯性地给员工“贴标签”

许多管理者习惯给员工定性、“贴标签”，比如认为某人不负责任、认为某人没有创新精神等，这种做法是很不好的。90 后员工个性鲜明、崇尚自我、极富创新精神，给他们“贴标签”是不客观的。

被管理者贴上标签之后，员工就会在以后的工作中潜意识地往这个标签上靠。久而久之，管理者“证明”了自己的看法，员工也被真的“定性”了。

给员工“贴标签”也被称为“去中间化”。这是指当管理者对员工主观性地做了一个判断后，无论员工出于什么原因做了什么事，管理者对员工的评价都是非黑即白，没有中间观点。

在管理员工的过程中，很多管理者都喜欢做判断，喜欢主观地给员工贴上标签。例如，如果管理者认为一个员工很懒惰，那么，无论这个员工因为什么原因没有把工作做好，管理者都会以懒惰这个标签来评价员工。当给员工贴上懒惰这个标签后，管理者就失去了帮助员工改变的机会，员工也被“去中间化”了。

某科技公司管理者就十分喜欢给员工“贴标签”，在很多次会议中，对李思讲到，“你的执行能力强，但是创新能力不足，这是你需要改善的”。而在之后的工作中，李思认识到了自己在创新能力上的不足，于是勤奋学习，不断丰富自己的知识量，并在这一过程中逐渐提升了自己的创新能力。但是李思潜意识里还是认为创新能力是自己的弱点，即使他有了不一样的想法，也不敢表达出来，或是即使他发表了不一样的见解，管理者也会因为过去的刻板印象而无视他的意见。

在管理者固有认识的影响下，李思的改变并没有被管理者发现，也无法更好地成长。这个案例表明，管理者不能随便给员工贴标签，而应客观地看待员工，根据员工的真实情况引导其发展。

13.2.2 多尝试新工作，挖掘员工潜力

在员工的成长过程中，管理者需要采取多种办法来帮助员工成长、激发员工工作潜能。而让员工多尝试新的工作是挖掘员工潜力的有效方法。

让员工多尝试新工作可实现多岗锻炼，达到培养复合型人才的目的。培养复合型人才对企业的发展而言非常关键，而岗位轮换就是一种方便、有效的挖掘员工潜力的方法。轮换岗位拓宽了员工的工作范围，也使员工能够较为熟练地掌握两个甚至是多个岗位的工作技能，成为极具价值的复合型人才。

让员工多尝试新工作可激发其工作热情，达到提高其工作效率的目的。新的工作会使人有一种新鲜感，因此员工会在新的岗位上发挥更大的能量。这既调动了员工的积极性，又激发了其工作潜能。

让员工多尝试新工作可增进沟通交流，达到促进团队协作的目的。团队中不同的岗位有不同的分工，而一些员工可能会片面地强调自己工作岗位的工作难度，而忽视了团队的整体性。多尝试新的工作，员工之间便可以相互理解，强化协作，团队也能发挥出更大的价值。

此外，管理者对每一个员工的了解并不深入，员工对企业不同的岗位的了解也欠全面，因此在安排工作时，管理者可能不能明确最适合某个员工的工作，或者员工也不能明确自己的工作是否能发挥出自己的价值。而 让员工多尝试新工作，可以使管理者对员工有更清晰的认知，从而将其安排到最合适的岗位，以最大限度发挥其潜能。

13.2.3 适当授权，发挥员工的创造力

90 后是极富创造力的一代人。为了充分发挥他们的创造力，管理者要学会适当授权。这样可以帮助员工认识自身的价值，同时能够对员工的工作起到激励作用。

在管理员工的过程中，有些管理者不习惯授权，对员工的工作能力表示怀疑，所有事情都要自己动手，这不仅会让自己十分疲惫，也难以促进员工的成长。

事实上，管理者不需要事必躬亲，应给员工更多的锻炼机会，适当授权才能够有效发挥员工的创造性。管理者适当授权，让员工参与更有难度的工作，是对他们的肯定，也能够满足他们自我价值实现的精神需求。

当然，授权并不等于完全放权，管理者也需要及时跟踪、指导员工工作。同时，在适当授权时管理者需要保证授权的有效性，在授权前对员工进行考察，以便把适宜的权利和责任交给合适的员工。

在适当授权时，管理者要选好授权的对象，充分了解被授权员工的意愿。同时，管理者要明确哪些权利可以授予员工，哪些权利不可以授予员工，这要根据工作性质、工作环境、员工能力等来确定。

13.2.4 大胆启用，给予信任

为了更好地管理员工，让员工更顺利地融入团队，管理者需要给员工提供更多的发展机会。在了解了员工的能力后，管理者要大胆启用员工，充分信任他们，这对于他们的成长和团队的发展来说都是十分有利的。

90 后思想活跃、不墨守成规，容易冲破旧有观念的束缚，是团队里极具价值的“新鲜血液”。管理者要大胆启用这些员工，这能够给团队带来更多活力。

一些管理者对 90 后员工缺乏正确的认识，总以“年轻没有经验”为由，不敢启用他们。但是实践才能出真知，不启用员工，不锻炼员工，员工又怎么可能有经验？还有一些管理者，对 90 后员工的成长规律缺乏认识，找不到启用他们的最佳时机，总认为他们还年轻，再过一段时间启用也不晚。这些都阻碍了 90 后员工的成长。

管理者需要明白，大胆启用员工，一方面可以充分发挥员工的价值，避免人才浪费；另一方面，也能产生有效的激励作用。许多员工都是具有敬业精神的，只要能合理地启用他们，他们就会发挥出自己更大的价值。

一家公司在最新的招聘中聘用了一批 90 后员工，经过几个月的观察，管理者发现其中的一名员工刘伟表现得最为出色。刘伟工作能力很强，同时也具有很强的学习能力和创新能力。在了解到这些

后，该公司管理者大胆地将一个小项目交给了刘伟。刘伟感受到了管理者的信任，更加努力工作。一个月后，他圆满地完成了这个项目，向管理者证明了自己的能力，没有辜负管理者的信任。

许多公司都存在这样的状况，当初耗费大量人力、财力招聘来的人才，在进入公司后不久又离开了公司，这其中很大一部分原因是管理者对这些人才的忽视。一个有能力的、有雄心壮志的员工如果长期得不到启用、被人忽视，那么他就有可能选择离开。

为了充分发挥员工的价值，更好地激励员工努力工作，也为了留住人才，管理者必须学会信任员工，大胆启用员工。

13.2.5 适时提拔，别让资历影响员工创造价值

在管理员工的过程中，管理者适时提拔员工能够有效激发员工工作的积极性和创造性，更好地发挥出他们的潜能，保持团队的竞争力和活力。员工的资历不足是其短处，但其能力和创造力也不能被忽视，因此，管理者可以以员工的能力为出发点，适时提拔能力突出的员工，以使他们在新的岗位上创造出更大的价值。

管理者适时提拔有能力的员工，能够有效优化团队的资源配置。员工在刚进入公司时，能力可能相差无几，管理者对此也没有详细的了解，然而经过一段时间的培训、锻炼，一些工作能力、学习能力突出的员工便会开始崭露头角。同时，管理者对每个员工的工作能力

和成长也有了更为清晰的认知。这时候，管理者就可以适时将能力突出的员工提拔到更合适其发展的岗位上，让其有机会创造出更大的价值。

此外，管理者适时提拔员工也能够激发员工的内在动力。将员工分配到合适的岗位上不仅意味着员工职位、待遇的提升，也体现了管理者对员工工作能力和职业素质的认可。因此，适时提拔员工能够提高员工工作积极性，增强其对公司的归属感。有能力的员工在新的岗位上发挥了更大的价值，也有利于提高整个团队的运作效率，促进团队的健康持续发展。

最后管理者需要注意，在提拔员工时，不仅要考虑员工在原岗位上的工作情况，也要客观考察员工的综合素质和新岗位的职能要求，以保证人岗匹配、优化资源配置。

◇◇◇ 第十四章 ◇◇◇

批评问责：权责清晰，让 90 后员工学会承担责任

◆ 批评不等于责骂

◆ 权责清晰，让员工勇于承担责任

管理 90 后员工，除了需要掌握鼓励其积极工作、健康成长的方法，管理者也需要使用合适的方法对他们进行批评问责。合理的批评问责能够帮助员工认识到自己的不足，督促其改正错误，对其成长具有积极的促进作用。

在对员工进行批评问责时，管理者需要掌握合适的方法，这样才能使问责发挥积极的作用。同时，权责清晰也是十分重要的，权责细分到人能够让员工明确自己的权力、勇于承担自己的责任。

14.1 批评不等于责骂

在进行批评问责时，管理者必须明白，批评不等于责骂，批评问责需要使用合适的方法。在对员工进行批评问责时，管理者要考虑到员工的接受程度，同时也要做到公平公正。此外，管理者也需要明确一点，即批评问责的目的是帮助员工改正错误，以便其更好地开展工作。因此在对员工进行批评问责时，发现问题并解决问题才是最关键的。

14.1.1 公开表扬，私下批评

表扬与批评在企业管理中是同时存在的。在管理员工的过程中，管理者应该如何把握表扬与批评的尺度呢？在管理员工时，管理者需要把握“公开表扬、私下批评”的原则。

上海一家公司的管理者性情十分火爆，员工工作稍有差池，他便大发雷霆，毫不在意场合。因此公司里时常出现这样一个场景：管理者在办公室大声斥责一名员工，其他员工在一边噤若寒蝉。

公司的员工都知道这名管理者喜欢批评人，为了少受批评，每个员工都仅仅做分内的事情，多余的工作一概不管，因为做得多难免会错得多，谁也不想在同事面前被批评。在这样的工作状态下，公司自然难以发展。

员工做错事，如果管理者当众批评他，可能会激起员工的逆反心理，让其难以接受，也达不到预期的教育效果；如果管理者私下批评，员工更容易接受，也能充分地与管理者交流沟通，这样批评教育的效果会更好。

“公开表扬，私下批评”是管理员工很有效的方式。私下批评员工照顾到了员工的情绪，避免了员工和管理者产生冲突，能让双方在相对理智的情况下就事论事，达到更好的沟通效果。

14.1.2 “对事不对人”是批评大原则

很多管理者在批评员工时，会因为情绪过于激动而使沟通陷入僵局。管理者在批评员工时，要摒弃对员工本人的主观认知，解决问题才是最终目的。

“对事不对人”能够让管理者更准确地关注事情本身。相反，对事情本身的关注度不够，不但无法了解问题的本质，也无法找到解决问题的正确方法。因此，管理者批评员工时应尽量准确、具体，以事情本身为出发点寻找解决问题的办法，不能因为员工做错了某件事，就认为他能力不行。管理者用“总是”“根本”等言辞来否定员工是不可取的。

为了找出解决问题的方法，管理者必须摒弃对员工的偏见。“对事不对人”强调的是公平，这也是管理者对员工的尊重。某位管理者对工作一丝不苟，但是脾气比较暴躁，员工工作不负责或者做的事情让他不满意时，他总会忍不住当面指出来。一天，该管理者又忍不住当面斥责了一名员工。但事后，管理者也知道是自己太过冲动了，因为这名员工平时工作是十分出色的，很少出现失误。

于是，管理者马上对自己的冲动行为进行了弥补。他找到那名员工对他说：“今天委屈你了，你平时的工作十分出色，我对你的责备不当，请原谅。不过你此次的工作完成得不尽如人意，希望你能认真对待，相信你能做到。”管理者的这番话极大地安慰了这名员工，之后其工作也更加认真了。

批评员工本身是一件不愉快的事情，管理者需要让这种不愉快变得容易让人接受。管理者想要指正及辅导员工，想让他从错误中吸取教训，同时又想要让员工没有抗拒心理，这并非易事，需要其在与员工沟通时坚持公平、公正的原则，坚持“对事不对人”的大原则。如果管理者的批评有失公正，就容易引起员工的不满，甚至会使员工不再信任管理者。

虽说批评要“对事不对人”，但是在批评员工时，管理者也要考虑到员工性格的差异性，在批评员工时做到因人而异。比如，某个员工的性格比较冲动，那么管理者在批评他时，就不要使用一些尖锐的词来刺激他，而应该心平气和、语重心长地劝诫他。

14.1.3 指出问题所在胜过一味批评

员工犯错是很难避免的，管理者在批评员工时，要有度、有情。也就是说管理者在面对犯了错的员工时，对其的批评必须是善意的、适度的。过度的批评容易使员工和管理者之间产生矛盾。

管理者在批评员工时应晓之以理，而不是一味地批评。管理者要客观地指出员工的错误，帮助他分析错误的原因，并鼓励他勇敢面对错误。管理者要让员工明白自己对他的批评是一种关爱，从而使员工承认错误并努力改正错误。

批评是管理手段之一，当员工工作出现问题时，管理者可以指出员工的错误，并对员工的不当行为进行批评，这可以使员工对问题引起重视，避免再次犯错。管理者要指出错误、讲清后果，并给出建议，让员工明白错误产生的原因以及解决的办法，而不是一味地批评指责。管理者可以引用一些有助于说明问题的资料和数据，例如“你的工作的标准生产速度是每小时五十件，此前你总会达到甚至超越这个标准，但资料显示你上个月平均每小时只生产了四十件。”这种具体的情况说明更容易让员工了解自己工作中的问题。

14.1.4 问清缘由，及时解决

员工的工作出现问题，原因可能是多方面的，管理者只有问清问题产生的缘由，才能帮助员工及时解决问题。

在和员工沟通时，管理者首先要和员工讨论问题产生的原因。在讨论的过程中，管理者可以采用开放式的问题，如“什么事”“什么时候”来询问员工，这样的提问会使员工更愿意回答问题。管理者找出问题产生的原因后，便可以问一些更具体的问题以便明确自己的想法。

其次，管理者在和员工进行沟通时也要学会倾听。员工对工作的了解会更深入，或许可以提供建议，帮助管理者更快找出问题产生的原因。员工提出的意见和建议也是管理者需要思考的。在明确了问题产生的原因后，管理者要询问员工是否有合适的解决办法。员工的意见和建议可能会为解决问题提供新思路。

最后，在确定了解决方案后，管理者要鼓励员工勇敢承担责任。当然，如果解决方案里体现了员工的意志，员工会更主动地承担责任。同时，管理者也应该明确员工需要做的工作，让员工明白改善工作的责任在其身上。管理者要对员工承担责任的能力表示出信心，这会增强他的责任感。

14.1.5 用批评逆向激励员工

批评具有激励和约束两种作用，也就是说，只要掌握好尺度，管理者用批评也能够激励员工。管理者对员工进行批评是需要技巧的，表扬和批评也是可以相互夹杂的。

管理学上有一个肥皂水效应，由美国前总统约翰·柯立芝提出。柯立芝有一名漂亮的女秘书，但其在工作中却常因粗心而犯错。一天，柯立芝看到这位秘书时，对她说："今天你穿的衣服很漂亮，十分适合你这样漂亮的女孩。"柯立芝的夸奖让女秘书受宠若惊。柯立芝接着说："但不要骄傲，我相信你也能把工作处理得像你一样漂亮。"从那天起，女秘书很少在工作中出错了。

柯立芝在向别人解释这件事时说："你看到过理发师给人刮胡子吗？他要先给人涂一些肥皂水，这样刮起来，人才不觉痛。"

这个故事被管理学界称为肥皂水效应：即将批评夹在表扬中。将对员工的批评夹在表扬的话语中，能够减少批评的负面效应，使员工愉快地接受管理者对自己的批评。

人与生俱来就有一种心理防卫机制。员工在受到批评时，首先就会想："我真的错了吗?"然后他会潜意识地找理由为自己辩解，所以，管理者的批评很难被员工接受。肥皂水效应正是考虑到了人的这种心理反应提出的。管理者在批评员工时，一定要考虑对方的心理，要采取对方易于接受的方式来表达，这样的批评才能够更有效地激励员工。

在日常管理中，面对员工的缺点、失误，管理者就可以采取这样的批评方式，即将批评夹在表扬里，把批评转化为激励。

在实践中，还有一种很常见的批评方式就是善意的批评。有些员工在工作中取得了一些成果后就开始飘飘然，这也是需要管理者批评的。当然，这样的批评里面夹杂的表扬的成分可以更多一些。这是一种善意的批评，目的是让员工保持清醒的头脑与平常心。

14.2 权责清晰，让员工勇于承担责任

在员工工作成长的过程中，管理者要培养员工的责任感，让他们勇于为自己的工作负责。

14.2.1 指定任务责任人，细化团队责任

当一个员工负责一项工作时，他就必须承担这项工作的责任。可当一个团队一起完成一项工作时，责任就被扩大化了，员工难免会有这样的思想：如果出了问题，责任是大家的，不是我自己的。如果团队中每个成员都有这样的想法，那么团队的工作就无法很好地完成。

因此，管理者在将一项工作交给一个团队完成时，一定要将工作细化、责任到人。这样万一工作出了问题，管理者也能够找到具体的负责人。团队工作出现问题的时候，想让批评变得有效，管理者就要让自己的批评变得具有针对性，责任一定要细分到人。

对于精准问责而言，明确问责对象是首要前提。其次，在调查问题时，管理者要遵循权责一致的原则，明确问责重点，根据员工职责，综合考虑主客观因素。问责是手段，目的是激发员工履责的意识，进而坚持履职尽责。

精准问责有助于强化员工责任，避免员工心存侥幸。现实中，有些员工在工作中盲目追求绩效，忽略了工作质量；也有些员工为了更快地实现工作目标而知错犯错。而精准问责明确了每个员工的职责，工作中的问题也更容易被发现，这就断绝了员工逃避责任的退路，让员工自觉杜绝侥幸心理，从而对自己的工作更加负责。

14.2.2 少做、多指导，让员工自己发现问题

权责清晰有利于员工明确自己的职责，承担明确的责任。同时，为了让员工勇于承担责任，管理者需要少做、多指导，让员工多多实践，自己发现问题。这样能够更好地培养员工的责任心，促进员工快速成长。

在许多企业中，管理者即使为员工划分好了权责，也会在实际

工作中习惯性地帮助员工去工作，这是不好的。员工自己在实践中找出问题，其对于问题的印象会更加深刻；员工自己发现问题，就会更认真地思考、盘查自己的工作，这对员工的成长来说是十分有利的。因此，对于管理者来说，少做、多指导，让员工自己发现问题是十分重要的。

想要让员工自己发现问题从而更好地解决问题，管理者应该怎么做？

首先，管理者要让员工了解到发现问题的重要性。员工发现问题才能意识到自己工作的不足，也才能通过解决问题来不断提升自己。管理者要向员工强调发现问题的重要性，避免员工发现问题后而置之不理的状况。同时管理者也要身体力行，主动跟员工分享、讨论心得，向员工强调发现问题的重要性。

其次，管理者要激发员工发现问题的勇气。有时候，员工因害怕被责备或者害怕拖累团队中其他员工，而不愿意去发现问题。为了避免员工隐藏问题，管理者应多鼓励员工，引导他们发现问题，并与他们一起找到解决问题的办法，这样他们才能够更快成长。管理者也需要对发现问题并积极配合解决问题的员工进行表扬，对恶意隐瞒问题的员工进行处罚，让员工明白积极发现问题、积极处理问题的好处。

最后，管理者要建立合理的问题管理制度。除了培养员工主动发现问题的意识，管理者还需要制订相关的问题管理制度。制度的制订能够让员工明确隐瞒问题的严重后果，使员工对发现问题给予重视。

管理者少做、多指导，让员工多多实践，让员工自己发现问题，不仅能够让员工勇于承担责任，对于培养员工的问题处理能力也十分有利。

图书在版编目（CIP）数据

轻管理：和 90 后员工做朋友 / 李亚伟著. —北京：电子工业出版社，2020.10
ISBN 978-7-121-39481-2

Ⅰ. ①轻…　Ⅱ. ①李…　Ⅲ. ①企业领导学　Ⅳ. ①F272.91

中国版本图书馆 CIP 数据核字（2020）第 162479 号

责任编辑：刘　晓
印　　刷：涿州市京南印刷厂
装　　订：涿州市京南印刷厂
出版发行：电子工业出版社
　　　　　北京市海淀区万寿路 173 信箱　　邮编：100036
开　　本：720×1000　1/16　印张：16.75　　字数：188 千字
版　　次：2020 年 10 月第 1 版
印　　次：2020 年 10 月第 1 次印刷
定　　价：65.00 元

凡所购买电子工业出版社图书有缺损问题，请向购买书店调换。若书店售缺，请与本社发行部联系，联系及邮购电话：（010）88254888，88258888。

质量投诉请发邮件至 zlts@phei.com.cn，盗版侵权举报请发邮件至 dbqq@phei.com.cn。

本书咨询联系方式：307188243（QQ）。